改正 市制町村制
【明治40年初版】

辻本末吉 編輯

地方自治法研究
復刊大系〔第二四一巻〕

# 改正 市制町村制

〔明治四十年初版〕

日本立法資料全集 別巻 1051

信山社

# 改正
# 市制町村制

前内務次官
法學士　鈴木充美先生校閲
法學士　清水鐵太郎先生著

四大法典
# 法律顧問
全一冊

紙數一千二百頁◎
並製　正價金八十五錢
上製　正價金一圓十錢
小包料金十錢

法治國に生れ法律の何たるを知らず權利を有して敢て其の伸張を圖らず理由なくして徒に義務を負ふものあるは現下に於ける我國民の通弊にあらずや然れ共法理はそれ深遠なり活用はそれ困難なり簡潔なる法文は專門家に非れば解すること能はざるなり豈又權利の上に眠り徒らに義務を負ふものを責むべけむや此れ主として世其の良解釋書の乏しきが故に座するのみ弊堂玆に見るあり清水法學士に民法戶籍法新刑法民事訴訟法刑事訴訟法の五法典を問答體に解釋を乞ひ名つけて法律顧問と云ふ讀者諸君若しそれ本書に向はゞ恰も法律顧問たる辯護士を聘し居ると毫も異なる所なかるべし幸に一本を座右に備へられんことを

（法典研究會著）

文官普通及裁判所書記
# 試驗問題解答
全一冊　▲價七十五錢　小包十錢

其内容は各府縣廳及び大藏省各地方裁判所其他にて施行せられたる明治三十一年より最近までの最新問題を集め親切丁寧に一々之れが解答を附し其程度を指示し加ふるに卷尾に實地受驗合格者の答案數種を置く

# ●市制町村制目次

## 町村制

# ●市制町村制

朕地方共同ノ利益ヲ發達セシメ衆庶臣民ノ幸福ヲ增進スルコトヲ欲シ隣保團結ノ舊慣ヲ存重シテ益之ヲ擴張シ更ニ法律ヲ以テ都市及町村ノ權義ヲ保護スルノ必要ヲ認メ玆ニ市制及町村制ヲ裁可シテ之ヲ公布セシム

## 市　制

### 第一章　總　則

#### 第一款　市及其區域

**第一條**　此法律ハ市街地ニシテ郡ノ區域ニ屬セス別ニ市ト爲スノ地ニ施行スルモノトス

**第二條**　市ハ法律上一個人ト均ク權利ヲ有シ義務ヲ負擔シ凡市ノ公共事務ハ官ノ監督ヲ受ケテ自ラ之ヲ處理スルモノトス

**第三條**　凡市ハ從來ノ區域ヲ存シテ之ヲ變更セス但將來其變更ヲ要ス

ルコトアルトキハ此法律ニ準據ス可シ

東京市、京都市、大阪市ニ於テハ從來ノ區ヲ存ス其區ハ財產及營造物ニ關スル事務其他法律命令ニ依リ區ニ屬スル事務ヲ處理スルモノトス（三十一年法律第二十號ヲ以テ追加）

**第四條** 市ノ境界ヲ變更シ又ハ町村ヲ市ニ合併シ及市ノ區域ヲ分割スルコトアルトキハ町村制第四條ヲ適用ス

東京市、京都市、大阪市ノ區ヲ廢置分合シ又ハ其境界ヲ變更スルコトアルトキ亦同シ（同上）

**第五條** 市ノ境界ニ關スル爭論ハ府縣參事會之ヲ裁決ス其府縣參事會ノ裁決ニ不服アル者ハ行政裁判所ニ出訴スルコトヲ得

## 第二款　市住民及其權利義務

**第六條** 凡市內ニ住居ヲ占ムル者ハ總テ其市住民トス

凡市住民タル者ハ此法律ニ從ヒ公共ノ營造物並市有財產ヲ共用スルノ權利ヲ有シ及市ノ負擔ヲ分任スルノ義務ヲ有スルモノトス但特ニ

民法上ノ權利及義務ヲ有スル者アルトキハ此限ニ在ラス

第七條 凡帝國臣民ニシテ公權ヲ有スル獨立ノ男子二年以來(一)市ノ住民トナリ(二)其市ノ負擔ヲ分任シ及(三)其市內ニ於テ地租ヲ納メ若クハ直接國稅年額二圓以上ヲ納ムル者ハ其市公民トス其公費ヲ以テ救助ヲ受ケタル後二年ヲ經サル者ハ此限ニ在ラス但場合ニ依リ市會ノ議決ヲ以テ本條ニ定ムル二箇年ノ制限ヲ特免スルコトヲ得

此法律ニ於テ獨立ト稱スルハ滿二十五歲以上ニシテ一戶ヲ構ヘ且治產ノ禁ヲ受ケサル者ヲ云フ

第八條 凡市公民ハ市ノ選擧ニ參與シ市ノ名譽職ニ選擧セラルヽノ權利アリ又其名譽職ヲ擔任スルハ市公民ノ義務ナリトス

左ノ理由アルニ非サレハ名譽職ヲ拒辭シ又ハ任期中退職スルコトヲ得ス

一 疾病ニ罹リ公務ニ堪ヘサル者

二 營業ノ爲メニ常ニ其市內ニ居ルコトヲ得サル者

三　年齢滿六十歳以上ノ者
四　官職ノ爲メニ市ノ公務ヲ執ルコトヲ得サル者
五　四年間無給ニシテ市吏員ノ職ニ任シ爾後四年ヲ經過セサル者及
　六年間市會議員ノ職ニ居リ爾後六年ヲ經過セサル者
六　其他市會ノ議決ニ於テ正當ノ理由アリト認ムル者
前項ノ理由ナクシテ名譽職ヲ拒辭シ又ハ任期中退職シ若クハ無任期ノ職務ヲ少クモ三年間擔當セス又ハ其職務ヲ實際ニ執行セサル者ハ市會ノ議決ヲ以テ三年以上六年以下其市公民タルノ權ヲ停止シ且同年期間其負擔スヘキ市費ノ八分一乃至四分一ヲ增課スルコトヲ得
前項市會ノ議決ニ不服アル者ハ府縣參事會ニ訴願シ其府縣參事會ノ裁決ニ不服アル者ハ行政裁判所ニ出訴スルコトヲ得
**第九條**　市公民タル者第七條ニ揭載スル要件ノ一ヲ失フトキハ其公民タルノ權ヲ失フモノトス
市公民タル者公權停止中又ハ租稅滯納處分中ハ其公民タルノ權ヲ停

止ス家資分散若クハ破産ノ宣告ヲ受ケタルトキハ復權ノ決定アルマテ又公權剝奪若クハ停止ヲ附加ス可キ重罪輕罪ノ爲メ公判ニ付セラレタルトキハ其裁判ノ確定ニ至ルマテ亦同シ

陸海軍ノ現役ニ服スル者ハ市ノ公務ニ參與セサルモノトス現役以外ノ兵役ニ在ル者ニシテ戰時若クハ事變ニ際シ召集セラレタルトキモ亦同シ

市公民タル者ニ限リテ任ス可キ職務ニ在ル者ニシテ本條第一項乃至第三項ノ場合ニ當ルトキハ自ラ解職スルモノトス職ニ就キタルカ爲メ公民タルノ權ヲ得ヘキ職務ニ在ル者ニシテ本條第二項第三項ノ場合ニ當ルトキモ亦同シ

前項ノ職務ニ在ル市吏員ニシテ公權剝奪若クハ停止ヲ附加ス可キ重罪輕罪ノ爲メ豫審ニ付セラレタルトキハ監督官廳ハ其職ヲ停止スルコトヲ得（明治二十八年三月法律第六號ヲ以テ改正）

**第十條** 市ノ事務及市住民ノ權利義務ニ關シ此法律中ニ明文ナク又ハ特例ヲ設クルコトヲ許セル事項ハ各市ニ於テ特ニ條例ヲ設ケテ之ヲ規定スルコトヲ得

市ニ於テハ其市ノ設置ニ係ル營造物ニ關シ規則ヲ設クルコトヲ得

市條例及規則ハ法律命令ニ抵觸スルコトヲ得ス且之ヲ發行スルトキハ地方慣行ノ公告式ニ依ル可シ

## 第二章　市會

### 第一款　組織及選擧

**第十一條** 市會議員ハ其市ノ選擧人其被選擧權アル者ヨリ之ヲ選擧ス其定員ハ人口五萬未滿ノ市ニ於テハ三十人トシ人口五萬以上ノ市ニ於テハ三十六人トス

人口十萬以上ノ市ニ於テハ人口五萬ヲ加フル毎ニ人口二十萬以上ノ市ニ於テハ人口十萬ヲ加フル毎ニ議員三人ヲ增シ六十人ヲ定限トス

議員ノ定員ハ市條例ヲ以テ特ニ之ヲ增減スルコトヲ得但定限ヲ超ユ

ルコトヲ得ス

**第十二條**　市公民（第七條）ハ總テ選擧權ヲ有ス但其公民權ヲ停止セラルヽ者（第八條第三項第九條第二項）及第九條第三項ノ場合ニ當ル者ハ此限ニ在ラス（二十八年法律第六號ヲ以テ本條中改正）

凡內國人ニシテ公權ヲ有シ直接市稅ヲ納ムル者其額市公民ノ最多ク納稅スル者三名中ノ一人ヨリモ多キトキハ第七條ノ要件ニ當ラスト雖モ選擧權ヲ有ス但公民權ヲ停止セラルヽ者及第九條第三項ノ場合ニ當ル者ハ此限ニ在ラス

法律ニ從テ設立シタル會社其他法人ニシテ前項ノ場合ニ當ルトキモ亦同シ

**第十三條**　選擧人ハ分テ三級ト爲ス

選擧人中直接市稅ノ納額最多キ者ヲ合セテ選擧人總員ノ納ムル總額ノ三分ノ一ニ當ル可キ者ヲ一級トス

一級選擧人ノ外直接市稅ノ納額多キ者ヲ合セテ選擧人總員ノ納ムル

總額ノ三分一ニ當ル可キ者ヲ二級トシ爾餘ノ選擧人ヲ三級トス各級ノ間納税額兩級ニ跨ル者アルトキハ上級ニ入ル可シ又兩級ノ間ニ同額ノ納税者二名以上アルトキハ其市ニ住居スル年數ノ多キ者ヲ以テ上級ニ入ル若シ住居ノ年數ニ依リ難キトキハ年齡ヲ以テシ年齡ニモ依リ難キトキハ市長抽籤ヲ以テ之ヲ定ム可シ

選擧人每級各別ニ議員ノ三分一ヲ選擧ス其被選擧人ハ同級內ノ者ニ限ラス三級ニ通シテ選擧セラルヽコトヲ得

**第十四條** 區域廣濶又ハ人口稠密ナル市ニ於テハ市條例ヲ以テ選擧區ヲ設クルコトヲ得但特ニ二級若クハ三級選擧ノ爲メ之ヲ設クルモ妨ケナシ

東京市、京都市、大阪市ニ於テハ區ヲ以テ市會議員ノ選擧區トス（三十一年法律第二十號ヲ以テ追加）

選擧區ノ數及其區域並各選擧區ヨリ選出スル議員ノ員數ハ市條例ヲ以テ選擧人ノ員數ニ準シ之ヲ定ム可シ

選擧人ハ其住居ノ地ニ依テ其所屬ノ區ヲ定ム其市内ニ住居ナキ者ハ課税ヲ受ケタル物件ノ所在ニ依テ之ヲ定ム若シ數選擧區ニ亘リ納税スル者ハ課税ノ最多キ物件ノ所在ニ依テ之ヲ定ム可シ
選擧區ヲ設クルトキハ其選擧區ニ於テ選擧人ノ等級ヲ分ツ可シ
被選擧人ハ其選擧區内ノ者ニ限ラサルモノトス

**第十五條** 選擧權ヲ有スル市公民（第十二條第一項）ハ總テ被選擧權ヲ有ス
左ニ掲クル者ハ市會議員タルコトヲ得ス
一 所屬府縣ノ官吏
二 有給ノ市吏員
三 檢察官及警察官吏
四 神官僧侶及其他諸宗敎師
五 小學校敎員
其他官吏ニシテ當選シ之ニ應セントスルトキハ所屬長官ノ許可ヲ受

ク可シ

代言人ニ非スシテ他人ノ爲メニ裁判所又ハ其他ノ官廳ニ對シテ事ヲ辨スルヲ以テ業ト爲ス者ハ議員ニ選擧セラルヽコトヲ得ス

父子兄弟タルノ緣故アル者ハ同時ニ市會議員タルコトヲ得ス其同時ニ選擧セラレタルトキハ投票ノ數ニ依テ其多キ者一人ヲ當選トシ若シ同數ナレハ年長者ヲ當選トス其時ヲ異ニシテ選擧セラレタル者ハ後者議員タルコトヲ得ス

市參事會員トノ間父子兄弟タルノ緣故アル者ハ之ト同時ニ市會議員タルコトヲ得ス若シ議員トノ間ニ其緣故アル者市參事會員ノ任ヲ受クルトキハ其緣故アル議員ハ其職ヲ退ク可シ

**第十六條** 議員ハ名譽職トス其任期ハ六年トシ每三年各級ニ於テ其半數ヲ改選ス若シ各級ノ議員二分シ難キトキハ初回ニ於テ多數ノ一半ヲ解任セシム初回ニ於テ解任ス可キ者ハ抽籤ヲ以ヲ之ヲ定ム

退任ノ議員ハ再選セラルヽコトヲ得

第十七條　議員中闕員アルトキハ毎三年定期改選ノ時ニ至リ同時ニ補闕選擧ヲ行フ可シ若シ定員三分ノ一以上闕員アルトキ又ハ市會、市參事會若クハ府縣知事ニ於テ臨時補闕ヲ必要ト認ムルトキハ定期前ト雖モ其補闕選擧ヲ行フ可シ

補闕議員ハ其前任者ノ殘任期間在職スルモノトス

定期改選及補闕選擧トモ前任者ノ選擧セラレタル選擧等級及選擧區ニ從テ之カ選擧ヲ行フ可シ

第十八條　市長ハ選擧ヲ行フ毎ニ其選擧前六十日ヲ限リ選擧原簿ヲ製シ各選擧人ノ資格ヲ記載シ此原簿ニ據リテ選擧人名簿ヲ製ス可シ但選擧區ヲ設クルトキハ毎區各別ニ原簿及名簿ヲ製ス可シ

選擧人名簿ハ七日間市役所又ハ其他ノ場所ニ於テ之ヲ關係者ノ縱覽ニ供ス可シ若シ關係者ニ於テ訴願セントスルコトアルトキハ同期限内ニ之ヲ市長ニ申立ツ可シ市長ハ市會ノ裁決（第三十五條第一項）ニ依リ名簿ヲ修正ス可キトキハ選擧前十日ヲ限リテ之ニ修正ヲ加ヘ

テ確定名簿ト爲シ之ニ登録セラレサル者ハ何人タリトモ選擧ニ關スルコトヲ得ス

本條ニ依リ確定シタル名簿ハ當選ヲ辭シ若クハ選擧ノ無效トナリタル場合ニ於テ更ニ選擧ヲ爲ストキモ亦之ヲ適用ス

**第十九條** 選擧ヲ執行スル時ハ市長ハ選擧ノ場所日時ヲ定メ及選擧ス可キ議員ノ數ヲ各級各區ニ分チ選擧前七日ヲ限リテ之ヲ公告ス可シ

各級ニ於テ選擧ヲ行フノ順序ハ先ツ三級ノ選擧ヲ行ヒ次ニ二級ノ選擧ヲ行ヒ次ニ一級ノ選擧ヲ行フ可シ

**第二十條** 選擧掛ハ名譽職トシ市長ニ於テ臨時ニ選擧人中ヨリ二名若クハ四名ヲ選任シ市長若クハ其代理者ハ其掛長トナリ選擧會ヲ開閉シ其會場ノ取締ニ任ス但選擧區ヲ設クルトキハ毎區各別ニ選擧掛ヲ設ク可シ

**第二十一條** 選擧開會中ハ選擧人ノ外何人タリトモ選擧會場ニ入ルコトヲ得ス選擧人ハ選擧會場ニ於テ協議又ハ勸誘ヲ爲スコトヲ得ス

**第二十二條** 選擧ハ投票ヲ以テ之ヲ行フ投票ニハ被選擧人ノ氏名ヲ記シ封緘ノ上選擧人自ラ掛長ニ差出ス可シ但選擧人ノ氏名ハ投票ニ記入スルコトヲ得ス

選擧人投票ヲ差出ストキハ自已ノ氏名及住所ヲ掛長ニ申立テ掛長ハ選擧人名簿ニ照シテ之ヲ受ケ封緘ノ儘投票函ニ投入ス可シ但投票函ハ投票ヲ終ル迄之ヲ開クコトヲ得ス

**第二十三條** 投票ニ記載ノ人員其選擧ス可キ定數ニ過キ又ハ不足アルモ其投票ヲ無效トセス其定數ニ過クルモノハ末尾ニ記載シタル人名ヲ順次ニ棄却ス可シ

左ノ投票ハ之ヲ無效トス

一 人名ヲ記載セス又ハ記載セル人名ノ讀ミ難キモノ

二 被選擧人ノ何人タルヲ確認シ難キモノ

三 被選擧權ナキ人名ヲ記載スルモノ

四 被選擧人氏名ノ外他事ヲ記入スルモノ

投票ノ受理並效力ニ關スル事項ハ選擧掛假ニ之ヲ議決ス可否同數ナルトキハ掛長之ヲ決ス

**第二十四條** 選擧ハ選擧人自ラ之ヲ行フ可シ他人ニ託シテ投票ヲ差出スコトヲ許サス

第十二條第二項ニ依リ選擧權ヲ有スル者ハ代人ヲ出シテ選擧ヲ行フコトヲ得若シ其獨立ノ男子ニ非サル者又ハ會社其他法人ニ係ルトキハ必ス代人ヲ以テス可シ其代人ハ内國人ニシテ公權ヲ有スル獨立ノ男子ニ限ル但一人ニシテ數人ノ代理ヲ爲スコトヲ得ス且代人ハ委任狀ヲ選擧掛ニ示シテ代理ノ證トス可シ

**第二十五條** 議員ノ選擧ハ有效投票ノ多數ヲ得ル者ヲ以テ當選トス投票ノ數相同キモノハ年長者ヲ取リ同年ナルトキハ掛長自ラ抽籤シテ其當選ヲ定ム

同時ニ補闕員數名ヲ選擧スルトキハ（第十七條）投票數ノ最多キ者ヲ以テ殘任期ノ最長キ前任者ノ補闕ト爲シ其數相同キトキハ抽籤ヲ以

テ其順序ヲ定ム

**第二十六條**　選擧掛ハ選擧錄ヲ製シテ選擧ノ顚末ヲ記錄シ選擧ヲ終リタル後之ヲ朗讀シ選擧人名簿其他關係書類ヲ合綴シテ之ニ署名ス可シ

投票ハ之ヲ選擧錄ニ附屬シ選擧ヲ結了スルニ至ル迄之ヲ保存ス可シ

**第二十七條**　選擧ヲ終リタル後選擧掛長ハ直ニ當選者ニ其當選ノ旨ヲ告知ス可シ其當選ヲ辭セントスル者ハ五日以內ニ之ヲ市長ニ申立ツ可シ

一人ニシテ數級又ハ數區ノ選擧ニ當リタルトキハ同期限內何レノ選擧ニ應ス可キコトヲ申立ツ可シ其期限內ニ之ヲ申立テサル者ハ總テ其選擧ヲ辭スル者トナシ第八條ノ處分ヲ爲ス可シ

**第二十八條**　選擧人選擧ノ效力ニ關シテ訴願セントスルトキハ選擧ノ日ヨリ七日以內ニ之ヲ市長ニ申立ツルコトヲ得（第三十五條第一項）

市長ハ選擧ヲ終リタル後之ヲ府縣知事ニ報告シ府縣知事ニ於テ選擧

ノ效力ニ關シ異議アルトキハ訴願ノ有無ニ拘ラス府縣參事會ニ付シテ處分ヲ行フコトヲ待
選擧ノ定規ニ違背スルコトアルトキハ其選擧ヲ取消シ又被選擧人中其資格ノ要件ヲ有セサル者アルトキハ其人ノ當選ヲ取消シ更ニ選擧ヲ行ハシム可シ

**第二十九條** 當選者中其資格ノ要件ヲ有セサル者アルコトヲ發見シ又ハ就職後其要件ヲ失フ者アルトキハ其人ノ當選ハ效力ヲ失フモノトス其要件ノ有無ハ市會之ヲ議決ス

### 第二欵 職務權限及處務規程

**第三十條** 市會ハ其市ヲ代表シ此法律ニ準據シテ市ニ關スル一切ノ事件並從前特ニ委任セラレ又ハ將來法律勅令ニ依テ委任セラルヽ事件ヲ議決スルモノトス

**第三十一條** 市會ノ議決ス可キ事件ノ概目左ノ如シ

一 市條例及規則ヲ設ケ並改正スル事

二　市費ヲ以テ支辨ス可キ事業但第七十四條ニ掲クル事務ハ此限ニ在ラス
三　歳入出豫算ヲ定メ豫算外ノ支出及豫算超過ノ支出ヲ認定スル事
四　決算報告ヲ認定スル事
五　法律勅令ニ定ムルモノヲ除クノ外使用料、手數料、市稅及夫役現品ノ賦課徵收ノ法ヲ定ムル事
六　市有不動產ノ賣買交換讓受讓渡並質入書入ヲ爲ス事
七　基本財產ノ處分ニ關スル事
八　歳入出豫算ヲ以テ定ムルモノヲ除クノ外新ニ義務ノ負擔ヲ爲シ及權利ノ棄却ヲ爲ス事
九　市有ノ財產及營造物ノ管理方法ヲ定ムル事
十　市吏員ノ身元保證金ヲ徵シ並其金額ヲ定ムル事
十一　市ニ係ル訴訟及和解ニ關スル事

**第三十二條**　市會ハ法律勅令ニ依リ其職權ニ屬スル市吏員ノ選擧ヲ行

フ可シ

**第三十三條** 市會ハ市ノ事務ニ關スル書類及計算書ヲ檢閲シ市長ノ報告ヲ請求シテ事務ノ管理議決ノ施行並收入支出ノ正否ヲ監査スルノ職權ヲ有ス

**第三十四條** 市會ハ市ノ公益ニ關スル事件ニ付意見書ヲ監督官廳ニ差出ス事ヲ得

市會ハ官廳ノ諮問アルトキハ意見ヲ陳述ス可シ

**第三十五條** 市住民及公民タル權利ノ有無、選擧權及被選擧權ノ有無、選擧人名簿ノ正否並其等級ノ當否、代理ヲ以テ執行スル選擧權（第十二條第二項）及市會議員選擧ノ效力（第二十八條）ニ關スル訴願ハ市會之ヲ裁決ス

市會ノ裁決ニ不服アル者ハ府縣參事會ニ訴願シ其府縣參事會ノ裁決ニ不服アル者ハ行政裁判所ニ出訴スルコトヲ得

本條ノ事件ニ付テハ市長ヨリモ亦訴願及訴訟ヲ爲スコトヲ得

本條ノ訴願及訴訟ノ爲メニ其執行ヲ停止スルコトヲ得ス但判決確定

スルニ非サレハ更ニ選擧ヲ爲スコトヲ得ス

**第三十六條** 凡議員タル者ハ選擧人ノ指示若クハ委囑ヲ受ク可カラサルモノトス

**第三十七條** 市會ハ毎暦年ノ初メ一周年ヲ限リ議長及其代理者各一名ヲ互選ス

**第三十八條** 會議ノ事件議長及其父母兄弟若クハ妻子ノ一身上ニ關スル事アルトキハ議長ニ故障アルモノトシテ其代理者之ニ代ル可シ議長代理者共ニ故障アルトキハ市會ハ年長ノ議員ヲ以テ議長ト爲ス可シ

**第三十九條** 市參事會員ハ會議ニ列席シテ議事ヲ辯明スルコトヲ得

**第四十條** 市會ハ會議ノ必要アル毎ニ議長之ヲ招集ス若シ議員四分ノ一以上ノ請求アルトキ又ハ市長若クハ市參事會ノ請求アルトキハ必ス之ヲ招集ス可シ其招集並會議ノ事件ヲ告知スルハ急施ヲ要スル場合ヲ除クノ外少クモ會議ノ三日前タル可シ但市會ノ議決ヲ以テ豫

メ會議日ヲ定ムルモ妨ケナシ

市參事會員ヲ市會ノ會議ニ招集スルトキモ亦前項ノ例ニ依ル

**第四十一條** 市會ハ議員半數以上出席スルニ非サレハ議決スルコトヲ得ス但同一ノ議事ニ付招集再回ニ至ルモ議員猶半數ニ滿タサルトキハ此限ニ在ラス（二十八年法律第六號ヲ以テ本條中改正）

**第四十二條** 市會ノ議決ハ可否ノ多數ニ依リ之ヲ定ム可否同數ナルトキハ再議議決ス可シ若シ猶同數ナルトキハ議長ノ可否スル所ニ依ル

**第四十三條** 議員ハ自已及其父母兄弟若シクハ妻子ノ一身上ニ關スル事件ニ付テハ市會ノ議決ニ加ハルヿヲ得ス

議員ノ數此除名ノ爲メニ減少シテ會議ヲ開クノ定數ニ滿タサルトキハ府縣參事會市會ニ代テ議決ス

**第四十四條** 市會ニ於テ市吏員ノ選擧ヲ行フトキハ其一名毎ニ匿名投票ヲ以テ之ヲ爲シ有效投票ノ過半數ヲ得ル者ヲ以テ當選トス若シ過半數ヲ得ル者ナキトキハ最多數ヲ得ル者二名ヲ取リ之ニ就テ更ニ投

票セシム若シ最多數ヲ得ル者三名以上同數ナルトキハ議長自ラ抽籤シテ其二名ヲ取リ更ニ投票セシム此再投票ニ於テモ猶過半數ヲ得ル者ナキトキハ抽籤ヲ以テ當選ヲ定ム其他ハ第二十二條、第二十三條、第二十四條第一項ヲ適用ス
前項ノ選擧ニハ市會ノ議決ヲ以テ指名推選ノ法ヲ用フルコトヲ得

**第四十五條** 市會ノ會議ハ公開ス但議長ノ意見ヲ以テ傍聽ヲ禁スルコトヲ得

**第四十六條** 議長ハ各議員ニ事務ヲ分課シ會議及選擧ノ事ヲ總理シ開會閉會並延會ヲ命シ議場ノ秩序ヲ保持ス若シ傍聽者ノ公然賛成又ハ擯斥ヲ表シ又ハ喧擾ヲ起ス者アルトキハ議長ハ之ヲ議場外ニ退出セシムルコトヲ得

**第四十七條** 市會ハ書記ヲシテ議事錄ヲ製シテ其議決及選擧ノ顚末並出席議員ノ氏名ヲ記錄セシム可シ議事錄ハ會議ノ末之ヲ朗讀シ議長又議員二名以上之ニ署名ス可シ

市會ハ議事錄ノ謄寫又ハ原書ヲ以テ其議決ヲ市長ニ報告ス可シ
市會ノ書記ハ市會之ヲ選任ス
**第四十八條** 市會ハ其會議細則ヲ設ク可シ其細則ニ違背シタル議員ニ科ス可キ過怠金二圓以下ノ罰則ヲ設クルコトヲ得

## 第三章 市行政

### 第一款 市參事會及市吏員ノ組織選任

**第四十九條** 市ニ市參事會ヲ置キ左ノ吏員ヲ以テ之ヲ組織ス
一 市長 一名
二 助役 東京ハ三名京都大阪ハ各二名其他ハ一名
三 名譽職參事會員 東京ハ十二名京都大阪ハ各九名其他ハ六名
助役及名譽職參事會員ハ市條例ヲ以テ其定員ヲ増減スルコトヲ得
**第五十條** 市長ハ有給吏員トス其任期ハ六年トシ內務大臣市會ヲシテ候補者三名ヲ推薦セシメ上奏裁可ヲ請フ可シ若シ其裁可ヲ得サルトキハ再推薦ヲ爲サシム可シ再推薦ニシテ猶裁可ヲ得サルトキハ追テ

推薦セシメ裁可ヲ得ルニ至ルノ間内務大臣ハ臨時代理者ヲ選任シ又ハ市費ヲ以テ官吏ヲ派遣シ市長ノ職務ヲ管掌セシムヘシ

**第五十一條** 助役及名譽職參事會員ハ市會之ヲ選擧ス其選擧ハ第四十四條ニ依テ行フ可シ但投票同數ナルトキハ抽籤ノ法ニ依ラス府縣參事會之ヲ決ス可シ

**第五十二條** 助役ハ有給吏員トシ其任期ハ六年トス

助役ノ選擧ハ府縣知事ノ認可ヲ受クルコトヲ要ス若シ其認可ヲ得サルトキハ再選擧ヲ爲ス可シ再選擧ニシテ猶其認可ヲ得サルトキハ追テ選擧ヲ行ヒ認可ヲ得ルニ至ルノ間府縣知事ハ臨時代理者ヲ選任シ又ハ市費ヲ以テ官吏ヲ派遣シ助役ノ職務ヲ管掌セシム可シ

**第五十三條** 市長及助役ハ其市公民タル者ニ限ラス但其任ヲ受クルトキハ其公民タルノ權ヲ得

**第五十四條** 名譽職參事會員ハ其市公民中年齡滿三十歲以上ニシテ選擧權ヲ有スル者ヨリ之ヲ選擧ス其任期ハ四年トス任期滿限ノ後ト雖

モ後任者就職ノ日迄在職スルモノトス
名譽職參事會員ハ毎二年其半數ヲ改選ス若シ二分シ難キトキハ初回ニ於テ多數ノ一半ヲ退任セシム初回ノ退任者ハ抽籤ヲ以テ之ヲ定ム
但退任者ハ再選セラルヽコトヲ得
若シ闕員アルトキハ其殘任期ヲ補充スル爲メ直ニ補闕選擧ヲ爲ス可シ

**第五十五條** 市長及助役其他參事會員ハ第十五條第二項ニ掲載スル職ヲ兼ヌルコトヲ得ス同條第四項ニ掲載スル者ハ名譽職參事會員ニ選擧セラルヽコトヲ得ス
父子兄弟タルノ緣故アル者ハ同時ニ市參事會員タルコトヲ得ス若シ其緣故アル者市長ノ任ヲ受クルトキハ其緣故アル市參事會員ハ其職ヲ退ク可シ其他ハ第十五條第五項ヲ適用ス
市長及助役ハ三箇月前ニ申立ツルトキハ隨時退職ヲ求ムルコトヲ得此塲合ニ於テハ退隱料ヲ受クルノ權ヲ失フモノトス

**第五十六條** 市長及助役ハ他ノ有給ノ職務ヲ兼任シ又ハ株式會社ノ社長及重役トナルコトヲ得ス其他ノ營業ハ府縣知事ノ認許ヲ得ルニ非サレハ之ヲ爲スコトヲ得ス

**第五十七條** 名譽職參事會員ノ選擧ニ付テハ市參事會自ラ其效力ノ有無ヲ議決ス

當選者中其資格ノ要件ヲ有セサル者アルコトヲ發見シ又ハ就職後其要件ヲ失フ者アルトキハ其人ノ當選ハ效力ヲ失フモノトス其要件ノ有無ハ市參事會之ヲ議決ス其議決ニ不服アル者ハ府縣參事會ニ訴願シ其府縣參事會ノ裁決ニ不服アル者ハ行政裁判所ニ出訴スル事ヲ得

其他ハ第三十五條末項ヲ適用ス

**第五十八條** 市ニ收入役一名ヲ置ク收入役ハ市參事會ノ推薦ニ依リ市會之ヲ選任ス

收入役ハ市參事會員ヲ兼ヌルコトヲ得ス

收入役ノ選任ハ府縣知事ノ認可ヲ受クル事ヲ要ス其他ハ第五十一

條、第五十二條、第五十三條、第五十五條及第七十六條ヲ適用ス

收入役ハ身元保證金ヲ出ス可シ

**第五十九條** 市ニ書記其他必要ノ附屬員並使丁ヲ置キ相當ノ給料ヲ給ス其人員ハ市會ノ議決ヲ以テ之ヲ定メ市參事會之ヲ任用ス

**第六十條** 凡市ハ處務便宜ノ爲メ市參事會ノ意見ヲ以テ之ヲ數區ニ分チ毎區區長及其代理者各一名ヲ置クコトヲ得區長及其代理者ハ名譽職トス但東京京都大阪及人口二十萬以上ノ市ニ於テハ區長ヲ有給吏員ト爲スコトヲ得(三十三年法律第四十六號ヲ以テ本條中改正)

區長及其代理者ハ市會ニ於テ其區若クハ隣區ノ公民中選擧權ヲ有スル者ヨリ之ヲ選擧ス區會(第百十三條)ヲ設クル區ニ於テハ其區會ニ於テ之ヲ選擧ス但東京京都大阪及人口二十萬以上ノ市ニ於テハ市參事會之ヲ選任ス

東京京都大阪及人口二十萬以上ノ市ニ於テハ前條ニヨリ區ニ附屬員並使丁ヲ置クコトヲ得

**第八十四條** 市住民中特ニ市有ノ土地物件ヲ使用スル權利ヲ得ントスル者アルトキハ市條例ノ規定ニ依リ使用料若クハ一時ノ加入金ヲ徵收シ又ハ使用料加入金ヲ共ニ徵收シテ之ヲ許可スルコトヲ得但特ニ民法上使用ノ權利ヲ有スル者ハ此限ニ在ラス

**第八十五條** 使用權ヲ有スル者（第八十三條、第八十四條）ハ使用ノ多寡ニ準シテ其土地物件ニ係ル必要ナル費用ヲ分擔ス可キモノトス

**第八十六條** 市會ハ市ノ爲メニ必要ナル場合ニ於テハ使用權（第八十三條、第八十四條）ヲ取上ケ又ハ制限スルコトヲ得但特ニ民法上使用ノ權利ヲ有スル者ハ此限ニ在ラス

**第八十七條** 市有財產ノ賣却貸與又ハ建築工事及物品調達ノ請負ハ公ノ入札ニ付ス可シ但臨時急施ヲ要スルトキ及入札ノ價額其費用ニ比シテ得失相償ハサルトキ又ハ市會ノ認許ヲ得ルトキハ此ノ限ニ在ラス

**第八十八條** 市ハ其必要ナル支出及從前法律命令ニ依テ賦課セラレ又

第六十三條　市吏員ハ任期滿限ノ後再選セラルヽコトヲ得
市吏員及使丁ハ別段ノ規定又ハ規約アルモノヲ除クノ外隨時解職スルコトヲ得

## 第二款　市參事會及市吏員ノ職務權限及處務規程

第六十四條　市參事會ハ其市ヲ統轄シ其行政事務ヲ擔任ス
市參事會ノ擔任スル事務ノ概目左ノ如シ
一　市會ノ議事ヲ準備シ及其議決ヲ執行スル事若シ市會ノ議決其權限ヲ越エ法律命令ニ背キ又ハ公衆ノ利益ヲ害スト認ムルトキハ市參事會ハ自己ノ意見ニ由リ又ハ監督官廳ノ指揮ニ由リ理由ヲ示シテ議決ノ執行ヲ停止シ之ヲ再議セシメ猶其議決ヲ更メサルトキハ府縣參事會ノ裁決ヲ請フ可シ其權限ヲ越エ又ハ法律勅令ニ背クニ依テ議決ノ執行ヲ停止シタル塲合ニ於テ府縣參事會ノ裁決ニ不服アル者ハ行政裁判所ニ出訴スルコトヲ得
二　市ノ設置ニ係ル營造物ヲ管理スル事若シ特ニ之カ管理者アルト

キハ其事務ヲ監督スル事

三　市ノ歳入ヲ管理シ歳入出豫算其他市會ノ議決ニ依テ定マリタル收入支出ヲ命令シ會計及出納ヲ監視スル事

四　市ノ權利ヲ保護シ市有財產ヲ管理スル事

五　市吏員及使丁ヲ監督シ市長ヲ除クノ外其他ニ對シ懲戒處分ヲ行フ事其懲戒處分ハ譴責及十圓以下ノ過怠金トス

六　市ノ諸證書及公文書類ヲ保管スル事

七　外部ニ對シテ市ヲ代表シ市ノ名義ヲ以テ其訴訟並和解ニ關シ又ハ他廳若クハ人民ト商議スル事

八　法律勅令ニ依リ又ハ市會ノ議決ニ從テ使用料、手數料、市稅及夫役現品ヲ賦課徴收スル事

九　其他法律命令又ハ上司ノ指令ニ依テ市參事會ニ委任シタル事務ヲ處理スル事

**第六十五條**　市參事會ハ議長又ハ其代理者及名譽職會員定員三分ノ一

以上出席スルトキハ議決スルコトヲ得

其議決ハ可否ノ多數ニ依リ之ヲ定ム可否同數ナルトキハ議長ノ可否スル所ニ依ル

決議ノ事件ハ之ヲ議事錄ニ登記ス可シ

市參事會ノ議決其權限ヲ越エ法律命令ニ背キ又ハ公衆ノ利益ヲ害スト認ムルトキハ市長ハ自己ノ意見ニ由リ又ハ監督官廳ノ指揮ニ由リ理由ヲ示シテ議決ノ執行ヲ停止シ府縣參事會ノ裁決ヲ請フ可シ其權限ヲ越エ又ハ法律勅令ニ背クニ依テ議決ノ執行ヲ停止シタル場合ニ於テ府縣參事會ノ裁決ニ不服アル者ハ行政裁判所ニ出訴スルコトヲ得

**第六十六條** 第四十三條ノ規定ハ市參事會ニモ亦之ヲ適用ス但同條ノ規定ニ從ヒ市參事會正當ノ會議ヲ開クコトヲ得サルトキハ市會之ニ代テ議決スルモノトス

**第六十七條** 市長ハ市政一切ノ事務ヲ指揮監督シ處務ノ澁滯ナキコト

ヲ務ム可シ
市長ハ市參事會ヲ召集シ之カ議長トナル市長故障アルトキハ其代理者ヲ以テ之ニ充ツ
市長ハ市參事會ノ議事ヲ準備シ其議決ヲ執行シ市參事會ノ名ヲ以テ文書ノ往復ヲ爲シ及之ニ署名ス
**第六十八條** 急施ヲ要スル場合ニ於テ市參事會ヲ召集スルノ暇ナキトキハ市長ハ市參事會ノ事務ヲ專決處分シ次回ノ會議ニ於テ其處分ヲ報告ス可シ
**第六十九條** 市參事會員ハ市長ノ職務ヲ補助シ市長故障アルトキ之ヲ代理ス
市長ハ市會ノ同意ヲ得テ市參事會員ヲシテ市行政事務ノ一部ヲ分掌セシムルコトヲ得此場合ニ於テハ名譽職會員ハ職務取扱ノ爲メニ要スル實費辨償ノ外勤務ニ相當スル報酬ヲ受クルコトヲ得
市條例ヲ以テ助役及名譽職會員ノ特別ナル職務並市長代理ノ順序ヲ

規定ス可シ若シ條例ノ規定ナキトキハ府縣知事ノ定ムル所ニ從ヒ上席者之ヲ代理ス可シ

**第七十條** 市收入役ハ市ノ收入ヲ受領シ其費用ノ支拂ヲ爲シ其他會計事務ヲ掌ル

**第七十一條** 書記ハ市長ニ屬シ庶務ヲ分掌ス

**第七十二條** 區長及其代理者（第六十條）ハ市參事會ノ機關トナリ其指揮命令ヲ受ケテ區内ニ關スル市行政事務ヲ補助執行スルモノトス

東京市、京都市、大阪市ニ於テハ區長ハ市長市參事會又ハ市收入役ノ指揮命令ヲ受ケ若シクハ委任ニ依リ市ノ公共事務及法律命令ヲ以テ市ニ屬シタル事務ニシテ區内ニ關スルモノヲ管掌ス（三十一年法律第二十號ヲ以テ追加）

前項ノ區長ハ市參事會ノ監督ヲ受ケ區ニ屬スル事務ヲ處理ス（同上）

區收入役ハ區ノ收入ヲ受領シ其費用ノ支拂ヲ爲シ其他會計事務ヲ掌ル（同上）

區收入役ハ市收入役ノ指揮命令ヲ受ケ若シクハ委任ニ依リ區內ニ關スル市收入役ノ事務ヲ管掌ス（同上）

**第七十三條** 委員ハ（第六十一條）市參事會ノ監督ニ屬シ市行政事務ノ一部ヲ分掌シ又ハ營造物ヲ管理シ若シクハ監督シ又ハ一時ノ委託ヲ以テ事務ヲ處辨スルモノトス

市長ハ隨時委員會ニ列席シテ議決ニ加ハリ其議長タルノ權ヲ有ス常設委員ノ職務權限ニ關シテハ市條例ヲ以テ別段ノ規定ヲ設クルコトヲ得

**第七十四條** 市長ハ法律命令ニ從ヒ左ノ事務ヲ管掌ス

一　司法警察補助官タルノ職務及法律命令ニ依テ其管理ニ屬スル地方警察ノ事務但別ニ官署ヲ設ケテ地方警察事務ヲ管掌セシムルトキハ此限ニ在ラス

二　浦役場ノ事務

三　國ノ行政並府縣ノ行政ニシテ市ニ屬スル事務但別ニ吏員ノ設ケ

アルトキハ此限ニ在ラス

右三項中ノ事務ハ監督官廳ノ許可ヲ得テ之ヲ市參事會員ノ一名ニ分掌セシムルコトヲ得

東京市、京都市、大阪市ノ市長ハ監督官廳ノ許可ヲ得テ本條ノ事務ヲ區長ニ分掌セシムルコトヲ得（明治三十一年法律第二十號ヲ以テ追加）

本條ニ掲載スル事務ヲ執行スルカ爲メニ要スル費用ハ市ノ負擔トス

## 第三欵　給料及給與

**第七十五條**　名譽職員ハ此法律中別ニ規定アルモノヲ除クノ外職務取扱ノ爲ニ要スル實費ノ辨償ヲ受クルコトヲ得

實費辨償額及報酬額ハ市會之ヲ議決ス

**第七十六條**　市長助役其他有給吏員及使丁ノ給料額ハ市會ノ議決ヲ以テ之ヲ定ム

市會ノ議決ヲ以テ市長ノ給料額ヲ定ムルトキハ內務大臣ノ許可ヲ受

クルコトヲ要ス若シ之ヲ許可ス可カラスト認ムルトキハ内務大臣之ヲ確定ス
市會ノ議決ヲ以テ助役ノ給料額ヲ定ムルトキハ府縣知事ノ許可ヲ受クルコトヲ要ス府縣知事ニ於テ之ヲ許可ス可カラスト認ムルトキハ府縣參事會ノ議決ニ付シテ之ヲ確定ス
市長助役其他有給吏員ノ給料額ハ市條例ヲ以テ之ヲ規定スルコトヲ得

**第七十七條** 市條例ノ規定ヲ以テ市長其他有給吏員ノ退隱料ヲ設クルコトヲ得

**第七十八條** 有給吏員ノ給料、退隱料其他第七十五條ニ定ムル給與ニ關シテ異議アルトキハ關係者ノ申立ニ依リ府縣參事會之ヲ裁決ス其府縣參事會ノ裁決ニ不服アル者ハ行政裁判所ニ出訴スルコトヲ得

**第七十九條** 退隱料ヲ受クル者官職又ハ府縣郡市町村及公共組合ノ職務ニ就キ給料ヲ受クルトキハ其間之ヲ停止シ又ハ更ニ退隱料ヲ受ク

ルノ權ヲ得ルトキ其額舊退隱料ト同額以上ナルトキハ舊退隱料ハ之ヲ廢止ス

**第八十條** 給料、退隱料、報酬及辨償ハ總テ市ノ負擔トス

## 第四章 市有財產ノ管理

### 第一款 市有財產及市稅

**第八十一條** 市ハ不動產、積立金穀等ヲ以テ基本財產ト爲シ之ヲ維持スルノ義務アリ

臨時ニ收入シタル金穀ハ基本財產ニ加入ス可シ但寄附金等寄附者其使用ノ目的ヲ定ムルモノハ此限ニ在ラス

**第八十二條** 凡市有財產ハ全市ノ爲メニ之ヲ管理シ及共用スルモノトス但特ニ民法上ノ權利ヲ有スル者アルトキハ此限ニ在ラス

**第八十三條** 舊來ノ慣行ニ依リ市住民中特ニ其市有ノ土地物件ヲ使用スル權利ヲ有スル者アルトキハ市會ノ議決ヲ經ルニ非サレハ其舊慣ヲ改ムルコトヲ得ス

**第八十四條** 市住民中特ニ市有ノ土地物件ヲ使用スル權利ヲ得ントスル者アルトキハ市條例ノ規定ニ依リ使用料若クハ一時ノ加入金ヲ徵收シ又ハ使用料加入金ヲ共ニ徵收シテ之ヲ許可スルコトヲ得但特ニ民法上使用ノ權利ヲ有スル者ハ此限ニ在ラス

**第八十五條** 使用權ヲ有スル者（第八十三條、第八十四條）ハ使用ノ多寡ニ準シテ其土地物件ニ係ル必要ナル費用ヲ分擔ス可キモノトス

**第八十六條** 市會ハ市ノ爲メニ必要ナル場合ニ於テハ使用權（第八十三條、第八十四條）ヲ取上ケ又ハ制限スルコトヲ得但特ニ民法上使用ノ權利ヲ有スル者ハ此限ニ在ラス

**第八十七條** 市有財產ノ賣却貸與又ハ建築工事及物品調達ノ請負ハ公ノ入札ニ付ス可シ但臨時急施ヲ要スルトキ及入札ノ價額其費用ニ比シテ得失相償ハサルトキ又ハ市會ノ認許ヲ得ルトキハ此ノ限ニ在ラス

**第八十八條** 市ハ其必要ナル支出及從前法律命令ニ依テ賦課セラレ又

ハ將來法律勅令ニ依テ賦課セラルル支出ヲ負擔スルノ義務アリ
市ハ其財産ヨリ生スル收入及使用料、手數料(第八十九條)並科料、過怠金其他法律勅令ニ依リ市ニ屬スル收入ヲ以テ前項ノ支出ニ充テ猶不足アルトキハ市稅(第九十條)及夫役現品(第百一條)ヲ賦課徵收スルコトヲ得

**第八十九條** 市ハ其ノ所有物及營造物ノ使用ニ付又ハ特ニ數個人ノ爲メニスル事業ニ付キ使用料又ハ手數料ヲ徵收スルコトヲ得

**第九十條** 市稅トシテ賦課スルコトヲ得可キ目左ノ如シ

一　國稅府縣稅ノ附加稅

二　直接又ハ間接ノ特別稅

附加稅ハ直接ノ國稅又ハ府縣稅ニ附加シ均一ノ稅率ヲ以テ市ノ全部ヨリ徵收スルヲ常例トス特別稅ハ附加稅ノ外別ニ市限リ稅目ヲ起シテ課稅スルコトヲ要スルトキ賦課徵收スルモノトス

**第九十一條** 此法律ニ規定セル條項ヲ除クノ外使用料、手數料(第八十

九條）特別稅（第九十條第一項第二）及從前ノ區町村費ニ關スル細則ハ市條例ヲ以テ之ヲ規定ス可シ其條例ニハ科料一圓九十五錢以下ノ罰則ヲ設クルコトヲ得

科料ニ處シ及之ヲ徵收スルハ市參事會之ヲ掌ル其處分ニ不服アル者ハ令狀交付後十四日以內ニ司法裁判所ニ出訴スルコトヲ得

**第九十二條** 三箇月以上市內ニ滯在スル者ハ其市稅ヲ納ムルモノトス

但其課稅ハ滯在ノ初ニ遡リ徵收ス可シ

**第九十三條** 市內ニ住居ヲ構ヘス又ハ三箇月以上滯在スルコトナシト雖モ市內ニ土地家屋ヲ所有シ又ハ營業ヲ爲ス者（店舖ヲ定メサル行商ヲ除ク）ハ其土地家屋營業若クハ其所得ニ對シテ賦課スル市稅ヲ納ムルモノトス其法人タルトキモ亦同シ但郵便電信及官設鐵道ノ業ハ此限ニ在ラス

**第九十四條** 所得稅ニ附加稅ヲ賦課シ及市ニ於テ特別ニ所得稅ヲ賦課セントスルトキハ納稅者ノ市外ニ於ケル所有ノ土地家屋又ハ營業

（店舗ヲ定メサル行商ヲ除ク）ヨリ收入スル所得ハ之ヲ控除ス可キモノトス

**第九十五條** 數市町村ニ住居ヲ構ヘ又ハ滯在スル者ニ前條ノ市稅ヲ賦課スルトキハ其所得ヲ各市町村ニ平分シ其一部分ニノミ課稅ス可シ但土地家屋又ハ營業ヨリ收入スル所得ハ此限ニ在ラス

**第九十六條** 所得稅法第三條ニ揭クル所得ハ市稅ヲ免除ス

**第九十七條** 左ニ揭クル物件ハ市稅ヲ免除ス

一 政府、府縣郡市町村及公共組合ニ屬シ直接ノ公用ニ供スル土地、營造物及家屋

二 社寺及官立公立ノ學校病院其他學藝、美術及慈善ノ用ニ供スル土地、營造物及家屋

三 官有ノ山林又ハ荒蕪地但官有山林又ハ荒蕪地ノ利益ニ係ル事業ヲ起シ內務大臣及大藏大臣ノ許可ヲ得テ其費用ヲ徵收スルハ此限ニ在ラス

新開地及開墾地ハ市條例ニ依リ年月ヲ限リ免除スルコトヲ得

**第九十八條** 前二條ノ外市税ヲ免除ス可キモノハ別段ノ法律勅令ニ定ムル所ニ從フ皇族ニ係ル市税ノ賦課ハ追テ法律勅令ヲ以テ定ムル迄現今ノ例ニ依ル

**第九十九條** 數個人ニ於テ專ラ使用スル所ノ營造物アルトキハ其修築及保存ノ費用ハ之ヲ其關係者ニ賦課ス可シ

市内ノ一區ニ於テ專ラ使用スル營造物アルトキハ其區內ニ住居シ若クハ滯在シ又ハ土地家屋ヲ所有シ營業（店舖ヲ定メサル行商ヲ除ク）ヲ爲ス者ニ於テ其修築及保存ノ費用ヲ負擔ス可シ但其一區ノ所有財產アルトキハ其收入ヲ以テ先ツ其費用ニ充ツ可シ

**第百條**（三十三年法律第四十六號ヲ以テ削除）

**第百一條** 市公共ノ事業ヲ起シ又ハ公共ノ安寧ヲ維持スルカ爲メニ夫役及現品ヲ以テ納税者ニ賦課スルコトヲ得但學藝、美術及手工ニ關スル勞役ヲ課スルコトヲ得ス

夫役及現品ハ急迫ノ場合ヲ除クノ外直接市稅ヲ準率ト爲シ且之ヲ金額ニ算出シテ賦課スヘシ
夫役ヲ課セラレタル者ハ其便宜ニ從ヒ本人自ラ之ニ當リ又ハ適當ノ代人ヲ出スコトヲ得又急迫ノ場合ヲ除クノ外金圓ヲ以テ之ニ代フルコトヲ得

**第百二條** 市ニ於テ徵收スル使用料、手數料(第八十九條)市稅(第九十條)夫役ニ代フル金圓(第百一條)共有物使用料及加入金(第八十四條)其他市ノ收入ヲ定期內ニ納メサルトキハ市參事會ハ之ヲ督促シ猶之ヲ完納セサルトキハ國稅滯納處分法ニ依リ之ヲ徵收スヘシ其督促ヲ爲スニハ市條例ノ規定ニ依リ手數料ヲ徵收スルコトヲ得
納稅者中無資力ナル者アルトキハ市參事會ノ意見ヲ以テ會計年度內ニ限リ納稅延期ヲ許スコトヲ得其年度ヲ超ユル場合ニ於テハ市會ノ議決ニ依ル
本條ニ記載スル徵收金ノ追徵、期滿得免及先取特權ニ付テハ國稅ニ

關スル規則ヲ適用ス

第百三條　地租ノ附加税ハ地租ノ納税者ニ賦課シ其他土地ニ對シテ賦課スル市税ハ其所有者又ハ使用者ニ賦課スルコトヲ得

第百四條　市税ノ賦課ニ對スル訴願ハ賦課令狀ノ交付後三箇月以内ニ之ヲ市參事會ニ申立ツ可シ此期限ヲ經過スルトキハ其年度内減税免税及償還ヲ請求スルノ權利ヲ失フモノトス

第百五條　市税ノ賦課及市ノ營造物　市有財產並其所得ヲ使用スル權利ニ關スル訴願ハ市參事會之ヲ裁決ス但民法上ノ權利ニ係ルモノハ此限ニ在ラス

前項ノ裁決ニ不服アル者ハ府縣參事會ニ訴願シ其府縣參事會ノ裁決ニ不服アル者ハ行政裁判所ニ出訴スルコトヲ得

本條ノ訴願及訴訟ノ爲メニ其處分ノ執行ヲ停止スルコトヲ得ス

第百六條　市ニ於テ公債ヲ募集スルハ從前ノ公債元額ヲ償還スル爲メ又ハ天災時變等已ムヲ得サル支出若クハ市ノ永久ノ利益トナル可キ

支出ヲ要スルニ方リ通常ノ歳入ヲ増加スルトキハ其市住民ノ負擔ニ堪ヘサルノ場合ニ限ルモノトス

市會ニ於テ公債募集ノ事ヲ議決スルトキハ併セテ其募集ノ方法、利息ノ定率及償還ノ方法ヲ定ム可シ償還ノ初期ハ三年以内ト爲シ年々償還ノ歩合ヲ定メ募集ノ時ヨリ三十年以内ニ還了ス可シ

定額豫算内ノ支出ヲ爲スカ爲メ必要ナル一時ノ借入金ハ本條ノ例ニ依ラス其年度内ノ收入ヲ以テ償還ス可キモノトス但此場合ニ於テハ市會ノ議決ヲ要セス

## 第二款　市ノ歳入出豫算及決算

**第百七條**　市參事會ハ毎會計年度收入支出ノ豫知シ得可キ金額ヲ見積リ年度前二箇月ヲ限リ歳入出豫算表ヲ調製ス可シ但シ市ノ會計年度ハ政府ノ會計年度ニ同シ

内務大臣ハ省令ヲ以テ豫算表調製ノ式ヲ定ムルコトヲ得

**第百八條**　豫算表ハ會計年度前市會ノ議決ヲ取リ之ヲ府縣知事ニ報告

シ並地方慣行ノ方式ヲ以テ其要領ヲ公告ス可シ
豫算表ヲ市會ニ提出スルトキハ市參事會ハ併セテ其市ノ事務報告書及財産明細表ヲ提出ス可シ

**第百九條** 定額豫算外ノ費用又ハ豫算ノ不足アルトキハ市會ノ認定ヲ得テ之ヲ支出スルコトヲ得

定額豫算中臨時ノ塲合ニ支出スルカ爲メニ豫備費ヲ置キ市參事會ハ豫メ市會ノ認定ヲ受ケスシテ豫算外ノ費用又ハ豫算超過ノ費用ニ充ツルコトヲ得但市會ノ否決シタル費途ニ充ツルコトヲ得ス

**第百十條** 市會ニ於テ豫算表ヲ議決シタルトキハ市長ヨリ其謄寫ヲ以テ之ヲ收入役ニ交付ス可シ其豫算表中監督官廳若クハ參事會ノ許可ヲ受ク可キ事項アルトキハ(第百二十一條ヨリ第百二十三條ニ至ル)先ツ其許可ヲ受ク可シ

收入役ハ市參事會(第六十四條第二項第三)又ハ監督官廳ノ命令アルニ非サレハ支拂ヲ爲スコトヲ得ス又收入役ハ市參事會ノ命令ヲ受ク

ルモ其支出豫算表中ニ豫定ナキカ又ハ其命令第百九條ノ規定ニ據ラサルトキハ支拂ヲ爲スコトヲ得ス
前項ノ規定ニ背キタル支拂ハ總テ收入役ノ責任ニ歸ス
**第百十一條** 市ノ出納ハ毎月例日ヲ定メテ檢査シ及毎年少クモ一回臨時檢査ヲ爲ス可シ例月檢査ハ市長又ハ其代理者之ヲ爲シ臨時檢査ハ市長又ハ其代理者ノ外市會ノ互選シタル議員一名以上ノ立會ヲ要ス
**第百十二條** 決算ハ會計年度ノ終ヨリ三箇月以内ニ之ヲ結了シ證書類ヲ併セテ收入役ヨリ之ヲ市參事會ニ提出シ市參事會ハ之ヲ審査シ意見ヲ附シテ之ヲ市會ノ認定ニ付ス可シ其市會ノ認定ヲ經タルトキハ市長ヨリ之ヲ府縣知事ニ報告ス可シ
決算報告ヲ爲ストキハ第三十八條及第四十三條ノ例ニ準シ市參事會員故障アルモノトス

## 第五章 特別ノ財産ヲ有スル市區ノ行政

**第百十三條** 市内ノ一區ニシテ特別ニ財産ヲ所有シ若クハ營造物ヲ設

ケ其區限リ特ニ其費用（第九十九條）ヲ負擔スルトキハ府縣參事會ハ其市會ノ意見ヲ聞キ條例ヲ發行シ財産及營造物ニ關スル事務ノ爲メ區會ヲ設クルコトヲ得其會議ハ市會ノ例ヲ適用スルコトヲ得

**第百十四條** 前條ニ記載スル事務ハ市ノ行政ニ關スル規則ニ依リ市參事會之ヲ管理ス可シ但區ノ出納及會計ノ事務ハ之ヲ分別ス可シ

## 第六章 市行政ノ監督

**第百十五條** 市行政ハ第一次ニ於テ府縣知事之ヲ監督シ第二次ニ於テ内務大臣之ヲ監督ス但法律ニ指定シタル場合ニ於テ府縣參事會ノ參與スルハ別段ナリトス

市ノ行政ニ關シ主務大臣ノ許可ヲ要スヘキ事項中其輕易ナルモノハ勅令ノ規定ニ依リ其許可ノ職權ヲ府縣知事ニ委任スルコトヲ得（三十三年法律第四十七號ヲ以テ追加）

**第百十六條** 此法律中別段ノ規定アル場合ヲ除クノ外凡市ノ行政ニ關スル府縣知事若クハ府縣參事會ノ處分若クハ裁決ニ不服アル者ハ内

務大臣ニ訴願スルコトヲ得

市ノ行政ニ關スル訴願ハ處分書若クハ裁決書ヲ交付シ又ハ之ヲ告知シタル日ヨリ十四日以内ニ其理由ヲ具シテ之ヲ提出ス可シ但此法律中別ニ期限ヲ定ムルモノハ此限ニ在ラス

此法律中ニ指定スル場合ニ於テ府縣知事若クハ府縣參事會ノ裁決ニ不服アリテ行政裁判所ニ出訴セントスル者ハ裁決書ヲ交付シ又ハ之ヲ告知シタル日ヨリ二十一日以内ニ出訴ス可シ

行政裁判所ニ出訴スルコトヲ許シタル場合ニ於テハ内務大臣ニ訴願スルコトヲ得ス

訴願及訴訟ヲ提出スルトキハ處分又ハ裁決ノ執行ヲ停止ス但此法律中別ニ規定アリ又ハ當該官廳ノ意見ニ依リ其停止ノ爲メニ市ノ公益ニ害アリト爲ストキハ此限ニ在ラス

**第百十七條** 監督官廳ハ市行政ノ法律命令ニ背戻セサルヤ其事務錯亂澁滯セサルヤ否ヲ監視ス可シ監督官廳ハ之カ爲メニ行政事務ニ關シ

テ報告ヲ爲サシメ豫算及決算等ノ書類帳簿ヲ徵シ並實地ニ就テ事務ノ現況ヲ視察シ出納ヲ檢閲スルノ權ヲ有ス

**第百十八條** 市ニ於テ法律勅令ニ依テ負擔シ又ハ當該官廳ノ職權ニ依テ命令スル所ノ支出ヲ定額豫算ニ載セス又ハ臨時之ヲ承認セス又ハ實行セサルトキハ府縣知事ハ理由ヲ示シテ其支出額ヲ定額豫算表ニ加ヘ又ハ臨時支出セシムヘシ

市ニ於テ前項ノ處分ニ不服アルトキハ行政裁判所ニ出訴スルコトヲ得

**第百十九條** 凡市會又ハ市參事會ニ於テ議決ス可キ事件ヲ議決セサルトキハ府縣參事會代テ之ヲ議決ス可シ

**第百二十條** 內務大臣ハ市會ヲ解散セシムルコトヲ得解散ヲ命シタル場合ニ於テハ同時ニ三箇月以內更ニ議員ヲ改選ス可キコトヲ命ス可シ但改選市會ノ集會スル迄ハ府縣參事會市會ニ代テ一切ノ事件ヲ議決ス

第百二十一條　左ノ事件ニ關スル市會ノ議決ハ内務大臣ノ許可ヲ受クルコトヲ要ス（三十三年法律第四十七號ヲ以テ第二項削除）
一　市條例ヲ設ケ並改正スル事
二　學藝、美術ニ關シ又ハ歷史上貴重ナル物品ノ賣却讓與質入書入交換若クハ大ナル變更ヲ爲ス事
第百二十二條　左ノ事件ニ關スル市會ノ議決ハ内務大臣及大藏大臣ノ許可ヲ受クルヲ要ス
一　新ニ市ノ負債ヲ起シ又ハ負債額ヲ增加シ及第百六條第二項ノ例ニ違フモノ但償還期限三年以内ノモノハ此限ニ在ラス
二　市特別稅並使用料、手數料ヲ新設シ增額シ又ハ變更スル事
三　地租五分ノ一其他直接國稅百分ノ五十ヲ超過スル附加稅ヲ賦課スル事（三十三年法律第四十八號ヲ以テ本號中改正）
四　間接國稅ニ附加稅ヲ賦課スル事
五　法律勅令ノ規定ニ依リ官廳ヨリ補助スル步合金ニ對シ支出金額

ヲ定ムル事

クルコトヲ要ス

**第百二十三條** 左ノ事件ニ關スル市會ノ議決ハ府縣參事會ノ許可ヲ受

一 市ノ營造物ニ關スル規則ヲ設ケ並改正スル事

二 基本財産ノ處分ニ關スル事（第八十一條）

三 市有不動産ノ賣却讓與並質入書入ヲ爲ス事

四 各個人特ニ使用スル市有土地使用法ノ變更ヲ爲ス事（第八十六條）

五 各種ノ保證ヲ與フル事

六 法律勅令ニ依テ負擔スル義務ニ非スシテ向五箇年以上ニ亘リ新ニ市住民ニ負擔ヲ課スル事

七 均一ノ税率ニ據ラスシテ國税府縣税ニ附加税ヲ賦課スル事（第九十條第二項）

八 第九十九條ニ從ヒ數個人又ハ市内ノ一區ニ費用ヲ賦課スル事

九　第百一條ノ準率ニ據ラスシテ夫役及現品ヲ賦課スル事

**第百二十四條**　府縣知事ハ市長、助役、市參事會員、委員、區長其他市吏員ニ對シ懲戒處分ヲ行フコトヲ得其懲戒處分ハ譴責及過怠金トス其過怠金ハ二十五圓以下トス

追テ市吏員ノ懲戒法ヲ設クル迄ハ左ノ區別ニ從ヒ官吏懲戒例ヲ適用ス可シ

一　市參事會ノ懲戒處分（第六十四條第二項第五）ニ不服アル者ハ府縣知事ニ訴願シ府縣知事ノ裁決ニ不服アル者ハ行政裁判所ニ出訴スルコトヲ得

二　府縣知事ノ懲戒處分ニ不服アル者ハ行政裁判所ニ出訴スルコトヲ得

三　本條第一項ニ掲載スル市吏員職務ニ違フコト再三ニ及ヒ又ハ其情狀重キ者又ハ行狀ヲ亂リ廉恥ヲ失フ者、財產ヲ浪費シ其分ヲ守ラサル者又ハ職務擧ラサル者ハ懲戒裁判ヲ以テ其職ヲ解クコトヲ

得其隨時解職スルコトヲ得可キ者ハ（第六十三條）懲戒裁判ヲ以テスルノ限ニ在ラス
總テ解職セラレタル者ハ自己ノ所爲ニ非スシテ職務ヲ執ルニ堪ヘサルカ爲メ解職セラレタル場合ヲ除クノ外退隱料ヲ受クルノ權ヲ失フモノトス
四　懲戒裁判ハ府縣知事其審問ヲ爲シ府縣參事會之ヲ裁決ス其裁決ニ不服アル者ハ行政裁判所ニ出訴スルコトヲ得
市長ノ解職ニ係ル裁決ハ上奏シテ之ヲ執行ス
監督官廳ハ懲戒裁判ノ裁決前吏員ノ停職ヲ命シ並給料ヲ停止スルコトヲ得
第百二十五條　市吏員及使丁其職務ヲ盡サス又ハ權限ヲ越エタル事アルカ爲メ市ニ對シテ賠償ス可キコトアルトキハ府縣參事會之ヲ裁決ス其裁決ニ不服アル者ハ裁決書ヲ交付シ又ハ之ヲ告知シタル日ヨリ七日以內ニ行政裁判所ニ出訴スルコトヲ得但出訴ヲ爲シタルトキハ

府縣參事會ハ假ニ其財產ヲ差押フルコトヲ得

## 第七章 附則

**第百二十六條** 此法律ハ明治二十二年四月一日ヨリ地方ノ情況ヲ裁酌シ府縣知事ノ具申ニ依リ內務大臣指定スル地ニ之ヲ施行ス

**第百二十七條** 府縣參事會及行政裁判所ヲ開設スル迄ノ間府縣參事會ノ職務ハ府縣知事行政裁判所ノ職務ハ內閣ニ於テ之ヲ行フ可シ

**第百二十八條** 此法律ニ依リ初テ議員ヲ選擧スルニ付市參事會及市會ノ職務幷市條例ヲ以テ定ム可キ事項ハ府縣知事又ハ其指命スル官吏ニ於テ之ヲ施行ス可シ

**第百二十九條** 社寺宗敎ノ組合ニ關シテハ此法律ヲ適用セス現行ノ例規及其地ノ習慣ニ從フ

**第百三十條** 此法律中ニ記載セル人口ハ最終ノ人口調査ニ依リ現役軍人ヲ除キタル數ヲ云フ

**第百三十一條** 現行ノ租稅中此法律ニ於テ直接稅又ハ間接稅トス可キ

類別ハ内務大臣及大藏大臣之ヲ告示ス

**第百三十二條** 明治九年十月第百三十號布告各區町村金穀公借共有物取扱土木起功規則、明治十一年七月第十七號布告郡區町村編制法第四條、明治十七年五月第十四號布告區町村會法、明治十七年五月第十五號布告、明治十七年七月第二十三號布告、明治十八年八月第二十五號布告其他此法律ニ抵觸スル成規ハ此法律施行ノ日ヨリ總テ之ヲ廢止ス

**第百三十三條** 内務大臣ハ此法律實行ノ責ニ任シ之カ爲メ必要ナル命令及訓令ヲ發布ス可シ

此法律中別段ノ規定アルモノヲ除クノ外東京市、京都市、大阪市及人口二十萬以上ノ市ノ區ニ關シ必要ナル一切ノ事項ハ勅令ヲ以テ之ヲ定ム（三十一年法律第二十號ヲ以テ追加三十三年法律第四十六號ヲ以テ本條中改正）

# 第一章　總則

## 第一款　町村及其區域

**第一條**　此法律ハ市制ヲ施行スル地ヲ除キ總テ町村ニ施行スルモノトス

**第二條**　町村ハ法律上一個人ト均ク權利ヲ有シ義務ヲ負擔シ凡町村公共ノ事務ハ官ノ監督ヲ受ケテ自ラ之ヲ處理スルモノトス

**第三條**　凡町村ハ從來ノ區域ヲ存シテ之ヲ變更セス但將來其變更ヲ要スルコトアルトキハ此法律ニ準據ス可シ

**第四條**　町村ノ廢置分合ヲ要スルトキハ關係アル市町村會及郡參事會ノ意見ヲ聞キ府縣參事會之ヲ議決シ内務大臣ノ許可ヲ受ク可シ

町村境界ノ變更ヲ要スルトキハ關係アル町村會及地主ノ意見ヲ聞キ郡參事會之ヲ議決ス其數郡ニ渉リ若クハ市ノ境界ニ渉ルモノハ府縣參事會之ヲ議決ス

町村ノ資力法律上ノ義務ヲ負擔スルニ堪ヘス又ハ公益上ノ必要アルトキハ關係者ノ異議ニ拘ハラス町村ヲ合併シ又ハ其境界ヲ變更スルコトアル可シ

本條ノ處分ニ付其町村ノ財産處分ヲ要スルトキハ併セテ之ヲ議決ス可シ

**第五條** 町村ノ境界ニ關スル爭論ハ郡參事會之ヲ裁決ス其數郡ニ渉リ若クハ市ノ境界ニ渉ルモノハ府縣參事會之ヲ裁決ス其郡參事會ノ裁決ニ不服アル者ハ府縣參事會ニ訴願シ其府縣參事會ノ裁決ニ不服アル者ハ行政裁判所ニ出訴スルコトヲ得

## 第二款 町村住民及其權利義務

**第六條** 凡町村内ニ住居ヲ占ムル者ハ總テ其町村住民トス

凡町村住民タル者ハ此法律ニ從ヒ公共ノ營造物並町村有財産ヲ共用スルノ權利ヲ有シ及町村ノ負擔ヲ分任スルノ義務ヲ有スルモノトス

但特ニ民法上ノ權利及義務ヲ有スル者アルトキハ此限ニ在ラス

**第七條** 凡帝國臣民ニシテ公權ヲ有スル獨立ノ男子二年以來(一)町村ノ住民トナリ(二)其町村ノ負擔ヲ分任シ及(三)其町村内ニ於テ地租ヲ納メ若クハ直接國稅年額二圓以上ヲ納ムル者ハ其町村公民トス其公費ヲ以テ救助ヲ受ケタル後二年ヲ經サル者ハ此限ニ在ラス但場合ニ依リ町村會ノ議決ヲ以テ本條ニ定ムル二箇年ノ制限ヲ特免スルコトヲ得

此法律ニ於テ獨立ト稱スルハ滿二十五歲以上ニシテ一戸ヲ構ヘ且治產ノ禁ヲ受ケサル者ヲ云フ

**第八條** 凡町村公民ハ町村ノ選擧ニ參與シ町村ノ名譽職ニ選擧セラルヽノ權利アリ又其名譽職ヲ擔任スルハ町村公民ノ義務ナリトス

左ノ理由アルニ非レハ名譽職ヲ拒辭シ又ハ任期中退職スル事ヲ得ス

一 疾病ニ罹リ公務ニ堪ヘサル者

二 營業ノ爲メニ常ニ其町村内ニ居ルコトヲ得サル者

三 年齡滿六十歲以上ノ者

四　官職ノ爲メニ町村ノ公務ヲ執ルコトヲ得サル者
五　四年間無給ニシテ町村吏員ノ職ニ任シ爾後四年ヲ經過セサル者
及六年間町村議員ノ職ニ居リ爾後六年ヲ經過セサル者
六　其他町村會ノ議決ニ於テ正當ノ理當アリト認ムル者
前項ノ理由ナクシテ名譽職ヲ拒辭シ又ハ任期中退職シ若クハ無任期ノ職務ヲ少クモ三年間擔當セス又ハ其職務ヲ實際ニ執行セサル者ハ町村會ノ議決ヲ以テ三年以上六年以下其町村公民タルノ權ヲ停止シ且同年期間其負擔ス可キ町村費ノ八分一乃至四分一ヲ増課スルコトヲ得
前項町村會ノ議決ニ不服アル者ハ郡參事會ニ訴願シ其郡參事會ノ裁決ニ不服アル者ハ府縣參事會ニ訴願シ其府縣參事會ノ裁決ニ不服アル者ハ行政裁判所ニ出訴スルコトヲ得
**第九條**　町村公民タル者第七條ニ掲載スル要件ノ一ヲ失フトキハ其公民タルノ權ヲ失フモノトス

町村公民タル者公權停止中又ハ租稅滯納處分中ハ其公民タルノ權ヲ停止ス家資分散若クハ破產ノ宣告ヲ受ケタルトキハ復權ノ決定アルマテ又公權剝奪若クハ停止ヲ附加ス可キ重罪輕罪ノ爲メ公判ニ付セラレタルトキハ其裁判ノ確定ニ至ルマテ亦同シ

陸海軍ノ現役ニ服スル者ハ町村ノ公務ニ參與セサルモノトス現役以外ノ兵役ニ在ル者ニシテ戰時若クハ事變ニ際シ召集セラレタルトキモ亦同シ

町村公民タル者ニ限リテ任ス可キ職務ニ在ル者ニシテ本條第一項乃至第三項ノ場合ニ當ルトキハ自ラ解職スルモノトス職ニ就キタルカ爲メ公民タルノ權ヲ得可キ職務ニ在ル者ニシテ本條第二項第三項ノ場合ニ當ルトキモ亦同シ

前項ノ職務ニ在ル町村吏員ニシテ公權剝奪若クハ停止ヲ附加ス可キ重罪輕罪ノ爲メ豫審ニ付セラレタルトキハ監督官廳ハ其職ヲ停止スルコトヲ得（二十八年法律第七號ヲ以テ本條改正）

### 第三款　町村條例

**第十條**　町村ノ事務及町村住民ノ權利義務ニ關シ此法律中ニ明文ナク又ハ特例ヲ設クルコトヲ許セル事項ハ各町村ニ於テ特ニ條例ヲ設ケテ之ヲ規定スルコトヲ得

町村ニ於テハ其町村ノ設置ニ係ル營造物ニ關シ規則ヲ設クル事ヲ得

町村條例及規則ハ法律命令ニ牴觸スルコトヲ得ス且之ヲ發行スルトキハ地方慣行ノ公告式ニ依ル可シ

## 第二章　町村會

### 第一款　組織及選擧

**第十一條**　町村會議員ハ其町村ノ選擧人其被選擧權アル者ヨリ之ヲ選擧ス其定員ハ其町村ノ人口ニ準シ左ノ割合ヲ以テ之ヲ定ム但町村條例ヲ以テ特ニ之ヲ增減スルコトヲ得

一　人口千五百未滿ノ町村ニ於テハ　議員八人

一　人口千五百以上五千未滿ノ町村ニ於テハ　議員十二人

一　人口五千以上一萬未滿ノ町村ニ於テハ　議員十八人
一　人口一萬以上二萬未滿ノ町村ニ於テハ　議員二十四人
一　人口二萬以上ノ町村ニ於テハ　議員三十人

第十二條　町村公民（第七條）ハ總テ選擧權ヲ有ス但其公民權ヲ停止セラルヽ者（第八條第三項、第九條第二項）及第九條第三項ノ場合ニ當ル者ハ此限ニ在ラス（二十八年法律第七號ヲ以テ本條中改正）

凡內國人ニシテ公權ヲ有シ直接町村稅ヲ納ムル者其額町村公民ノ最多ク納稅スル者三名中ノ一人ヨリモ多キトキハ第七條ノ要件ニ當ラスト雖モ選擧權ヲ有ス但公民權ヲ停止セラルヽ者及第九條第三項ノ場合ニ當ル者ハ此限ニ在ラス

法律ニ從テ設立シタル會社其他法人ニシテ前項ノ場合ニ當ルトキモ亦同シ

第十三條　選擧人ハ分テ二級ト爲ス

選擧人中直接町村稅ノ納額多キ者ヲ合セテ選擧人全員ノ納ムル總額

ノ半ニ當ル可キ者ヲ一級トシ爾餘ノ選擧人ヲ二級トス

一級二級ノ間納税額兩級ニ跨ル者アルトキハ一級ニ入ル可シ又兩級ノ間ニ同額ノ納税者二名以上アルトキハ其町村内ニ住居スル年數ノ多キ者ヲ以テ一級ニ入ル若シ住居ノ年數ニ依リ難キ時ハ年齡ヲ以テシ年齡ニモ依リ難キトキハ町村長抽籤ヲ以テ之ヲ定ム可シ

選擧人每級各別ニ議員ノ半數ヲ選擧ス其被選擧人ハ同級内ノ者ニ限ラス兩級ニ通シテ選擧セラルヽコトヲ得

**第十四條** 特別ノ事情アリテ前條ノ例ニ依リ難キ町村ニ於テハ町村條例ヲ以テ別ニ選擧ノ特例ヲ設クルコトヲ得

**第十五條** 選擧權ヲ有スル町村公民（第十二條第一項）ハ總テ被選擧權ヲ有ス

左ニ掲クル者ハ町村會議員タルコトヲ得ス

一　所屬府縣郡ノ官吏

二　有給ノ町村吏員

三　檢察官及警察官吏
四　神官僧侶及其他諸宗敎師
五　小學校敎員
其他官吏ニシテ當選シ之ニ應セントスルトキハ所屬長官ノ許可ヲ受クヘシ
代言人ニ非スシテ他人ノ爲メニ裁判所又ハ其他ノ官廳ニ對シテ事ヲ辨スルヲ以テ業ト爲ス者ハ議員ニ選擧セラルヽコトヲ得ス
父子兄弟タルノ緣故アル者ハ同時ニ町村會議員タルコトヲ得ス其同時ニ選擧セラレタルトキハ投票ノ數ニ依テ其多キ者一人ヲ當選トシ若シ同數ナレハ年長者ヲ當選トス其時ヲ異ニシテ選擧セラレタル者ハ後者議員タルコトヲ得ス
町村長若クハ助役トノ間父子兄弟タルノ緣故アル者ハ之ト同時ニ町村會議員タルコトヲ得ス若シ議員トノ間ニ其緣故アル者町村長若クハ助役ニ選擧セラレ認可ヲ受クルトキハ其緣故アル議員ハ其職ヲ退

タ可シ

**第十六條** 議員ハ名譽職トス其任期ハ六年トシ毎三年各級ニ於テ其半數ヲ改選ス若シ各級ノ議員二分シ難キトキハ初回ニ於テ多數ノ一半ヲ解任セシム初回ニ於テ解任ス可キ者ハ抽籤ヲ以テ之ヲ定ム

退任ノ議員ハ再選セラルヽコトヲ得

**第十七條** 議員中闕員アルトキハ毎三年定期改選ノ時ニ至リ同時ニ補闕選擧ヲ行フ可シ若シ定員三分ノ一以上闕員アルトキ又ハ町村會町村長若クハ郡長ニ於テ臨時補闕ヲ必要ト認ムルトキハ定期前ト雖モ其補闕選擧ヲ行フ可シ

補闕議員ハ其前任者ノ殘任期間在職スルモノトス

定期改選及補闕選擧トモ前任者ノ選擧セラレタル選擧等級ニ從テ之カ選擧ヲ行フ可シ

**第十八條** 町村長ハ選擧ヲ行フ毎ニ其選擧前六十日ヲ限リ選擧原簿ヲ製シ各選擧人ノ資格ヲ記載シ此原簿ニ據リテ選擧人名簿ヲ製ス可シ

選擧人名簿ハ七日間町村役場ニ於テ之ヲ關係者ノ縱覽ニ供ス可シ若シ關係者ニ於テ訴願セントスルコトアルトキハ同期限內ニ之ヲ町村長ニ申立ツ可シ町村長ハ町村會ノ裁決(第三十七條第一項)ニ依リ名簿ヲ修正ス可キトキハ選擧前十日ヲ限リテ之ニ修正ヲ加ヘテ確定名簿トナシ之ニ登錄セラレサル者ハ何人タリトモ選擧ニ關スルコトヲ得ス

本條ニ依リ確定シタル名簿ハ當選ヲ辭シ若クハ選擧ノ無效トナリタル場合ニ於テ更ニ選擧ヲ爲ストキモ亦之ヲ適用ス

**第十九條** 選擧ヲ執行スルトキハ町村長ハ選擧ノ場所日時ヲ定メ及選擧ス可キ議員ノ數ヲ各級ニ分チ選擧前七日ヲ限リテ之ヲ公告ス可シ各級ニ於テ選擧ヲ行フノ順序ハ先ツ二級ノ選擧ヲ行ヒ次ニ一級ノ選擧ヲ行フ可シ

**第二十條** 選擧掛ハ名譽職トシ町村長ニ於テ臨時ニ選擧人中ヨリ二名若クハ四名ヲ選任シ町村長若クハ其代理者ハ其係長トナリ選擧會ヲ

開閉シ其會場ノ取締ニ任ス

**第二十一條** 選擧開會中ハ選擧人ノ外何人タリトモ選擧會場ニ入ルコトヲ得ス選擧人ハ選擧會場ニ於テ協議又ハ勸誘ヲ爲スコトヲ得ス

**第二十二條** 選擧ハ投票ヲ以テ之ヲ行フ投票ニハ被選擧人ノ氏名ヲ記シ封緘ノ上選擧人自ラ掛長ニ差出ス可シ但選擧人ノ氏名ハ投票ニ記入スルコトヲ得ス

選擧人投票ヲ差出ストキハ自己ノ氏名及住所ヲ掛長ニ申立テ掛長ハ選擧人名簿ニ照シテ之ヲ受ケ封緘ノ儘投票凾ニ投入ス可シ但投票凾ハ投票ヲ終ル迄之ヲ開クコトヲ得ス

**第二十三條** 投票ニ記載ノ人員其選擧ス可キ定數ニ過キ又ハ不足アルモ其投票ヲ無效トセス其定數ニ過クルモノハ末尾ニ記載シタル人名ヲ順次ニ棄却ス可シ

左ノ投票ハ之ヲ無效トス

一 人名ヲ記載セス又ハ記載セル人名ノ讀ミ難キモノ

二　被選擧人ノ何人タルヲ確認シ難キモノ
三　被選擧權ナキ人名ヲ記載スルモノ
四　被選擧人氏名ノ外他事ヲ記入スルモノ
投票ノ受理並ニ效力ニ關スル事項ハ選擧掛假ニ之ヲ議決ス可否同數ナルトキハ掛長之ヲ決ス

**第二十四條**　選擧ハ選擧人自ラ之ヲ行フ可シ他人ニ託シテ投票ヲ差出スコトヲ許サス

第十二條第二項ニ依リ選擧權ヲ有スル者ハ代人ヲ出シテ選擧ヲ行フコトヲ得若シ其獨立ノ男子ニ非サル者又ハ會社其他法人ニ係ルトキハ必ス代人ヲ以テス可シ其代人ハ內國人ニシテ公權ヲ有スル獨立ノ男子ニ限ル但一人ニシテ數人ノ代理ヲ爲スコトヲ得ス且代人ハ委任狀ヲ選擧掛ニ示シテ代理ノ證トス可シ

**第二十五條**　町村ノ區域廣濶ナルトキ又ハ人口稠密ナルトキハ町村會ノ議決ニ依リ區畫ヲ定メテ選擧分會ヲ設クルコトヲ得但特ニ二級選

舉人ノミ此分會ヲ設クルモ妨ケナシ
分會ノ選擧掛ハ町村長ノ選任シタル代理者ヲ以テ其長トシ第二十條ノ例ニ依リ掛員二名若クハ四名ヲ選任ス
選擧分會ニ於テ爲シタル投票ハ投票函ノ儘本會ニ集メテ之ヲ合算シ總數ヲ以テ當選ヲ定ム
選擧分會ハ本會ト同日時ニ之ヲ開ク可シ其他選擧ノ手續會場ノ取締等總テ本會ノ例ニ依ル

**第二十六條** 議員ノ選擧ハ有效投票ノ多數ヲ得ル者ヲ以テ當選トス投票ノ數相同キモノハ年長者ヲ取リ同年ナルトキハ掛長自ラ抽籤シテ其當選ヲ定ム
同時ニ補闕員數名ヲ選擧スルトキハ(第十七條)投票數ノ最多キ者ヲ以テ殘任期ノ最長キ前任者ノ補闕ト爲シ其數相同キトキハ抽籤ヲ以テ其順序ヲ定ム

**第二十七條** 選擧掛ハ選擧錄ヲ製シテ選擧ノ顚末ヲ記錄シ選擧ヲ終リ

タル後之ヲ朗讀シ選擧人名簿其他關係書類ヲ合綴シテ之ニ署名ス可シ
投票ハ之ヲ選擧錄ニ附屬シ選擧ヲ結了スルニ至ル迄之ヲ保存ス可シ
**第二十八條** 選擧ヲ終リタル後選擧掛長ハ直ニ當選者ニ其當選ノ旨ヲ告知ス可シ其當選ヲ辭セントスル者ハ五日以內ニ之ヲ町村長ニ申立ツ可シ
一人ニシテ兩級ノ選擧ニ當リタルトキハ同期限內何レノ選擧ニ應ス可キコトヲ申立ツ可シ其期限內ニ之ヲ申立テサル者ハ總テ其選擧ヲ辭スル者トナシ第八條ノ處分ヲ爲ス可シ
**第二十九條** 選擧人選擧ノ效力ニ關シテ訴願セントスルトキハ選擧ノ日ヨリ七日以內ニ之ヲ町村長ニ申立ツルコトヲ得（第三十七條第一項）
町村長ハ選擧ヲ終リタル後之ヲ郡長ニ報告シ郡長ニ於テ選擧ノ效力ニ關シ異議アルトキハ訴願ノ有無ニ拘ラス郡參事會ニ付シテ處分ヲ

行フコトヲ

選擧ノ定規ニ違背スルコトアルトキハ其選擧ヲ取消シ又被選擧人中其資格ノ要件ヲ有セサル者アルトキハ其人ノ當選ヲ取消シ更ニ選擧ヲ行ハシム可シ

**第三十條** 當選者中其資格ノ要件ヲ有セサル者アルコトヲ發見シ又ハ就職後其要件ヲ失フ者アルトキハ其人ノ當選ハ効力ヲ失フモノトス其要件ノ有無ハ町村會之ヲ議決ス

**第三十一條** 小町村ニ於テハ郡參事會ノ議決ヲ經町村條例ノ規定ニ依リ町村會ヲ設ケス選擧權ヲ有スル町村公民ノ總會ヲ以テ之ニ充ツルコトヲ得

## 第二款 職務權限及處務規程

**第三十二條** 町村會ハ其町村ヲ代表シ此法律ニ準據シテ町村一切ノ事件並從前特ニ委任セラレ又ハ將來法律勅令ニ依テ委任セラルヽ事件ヲ議決スルモノトス

第三十三條　町村會ノ議決ス可キ事件ノ概目左ノ如シ

一　町村條例及規則ヲ設ケ並改正スル事
二　町村費ヲ以テ支辨ス可キ事業但第六十九條ニ掲クル事務ハ此限ニ在ラス
三　歳入出豫算ヲ定メ豫算外ノ支出及豫算超過ノ支出ヲ認定スル事
四　決算報告ヲ認定スル事
五　法律勅令ニ定ムルモノヲ除クノ外使用料、手數料、町村税及夫役現品ノ賦課徴收ノ法ヲ定ムル事
六　町村有不動產ノ賣買交換讓受讓渡並質入書入ヲ爲ス事
七　基本財產ノ處分ニ關スル事
八　歳入出豫算ヲ以テ定ムルモノヲ除クノ外新ニ義務ノ負擔ヲ爲シ及權利ノ棄却ヲ爲ス事
九　町村有ノ財產及營造物ノ管理方法ヲ定ムル事
十　町村吏員ノ身元保證金ヲ徵シ並其金額ヲ定ムル事

十一　町村ニ係ル訴訟及和解ニ關スル事

**第三十四條**　町村會ハ法律勅令ニ依リ其職權ニ屬スル町村吏員ノ選擧ヲ行フ可シ

**第三十五條**　町村會ハ町村ノ事務ニ關スル書類及計算書ヲ檢閲シ町村長ノ報告ヲ請求シテ事務ノ管理、議決ノ施行並收入支出ノ正否ヲ監査スルノ職權ヲ有ス

町村會ハ町村ノ公益ニ關スル事件ニ付意見書ヲ監督官廳ニ差出スコトヲ得

**第三十六條**　町村會ハ官廳ノ諮問アルトキハ意見ヲ陳述ス可シ

**第三十七條**　町村住民及公民タル權利ノ有無、選擧權及被選擧權ノ有無、選擧人名簿ノ正否並其等級ノ當否、代理ヲ以テ執行スル選擧權（第十二條第二項）及町村會議員選擧ノ効力（第二十九條）ニ關スル訴願ハ町村會之ヲ議決ス

前項ノ訴願中町村住民及公民タル權利ノ有無並選擧權ノ有無ニ關ス

ルモノハ町村會ノ設ケナキ町村ニ於テハ町村長之ヲ裁決ス

町村會若クハ町村長ノ裁決ニ不服アル者ハ郡參事會ニ訴願シ其郡參事會ノ裁決ニ不服アル者ハ府縣參事會ニ訴願シ其府縣參事會ノ裁決ニ不服アル者ハ行政裁判所ニ出訴スルコトヲ得

本條ノ事件ニ付テハ町村長ヨリモ亦訴願及訴訟ヲ爲スコトヲ得

本條ノ訴願及訴訟ノ爲メニ其執行ヲ停止スルコトヲ得ス但判決確定スルニ非サレハ更ニ選舉ヲ爲スコトヲ得ス

**第三十八條** 凡議員タル者ハ選舉人ノ指示若クハ委囑ヲ受ク可ラサルモノトス

**第三十九條** 町村會ハ町村長ヲ以テ其議長トス若シ町村長故障アルトキハ其代理タル町村助役ヲ以テ之ニ充ツ

**第四十條** 會議ノ事件議長及其父母兄弟若クハ妻子ノ一身上ニ關スル事アルトキハ議長ニ故障アルモノトシテ其代理者之ニ代ル可シ

議長代理者共ニ故障アルトキハ町村會ハ年長ノ議員ヲ以テ議長ト爲

ス可シ

**第四十一條** 町村長及助役ハ會議ニ列席シテ議事ヲ辯明スルコトヲ得

**第四十二條** 町村會ハ會議ノ必要アル毎ニ議長之ヲ招集ス若シ議員四分ノ一以上ノ請求アルトキハ必ス之ヲ招集ス可シ其招集並會議ノ事件ヲ告知スルハ急施ヲ要スル場合ヲ除クノ外少クモ開會ノ三日前タル可シ但町村會ノ議決ヲ以テ豫メ會議日ヲ定ムルモ妨ケナシ

**第四十三條** 町村會ハ議員半數以上出席スルニ非サレハ議決スルコトヲ得ス但同一ノ議事ニ付招集再回ニ至ルモ議員猶半數ニ滿タサルトキハ此限ニ在ラス（二十八年法律第七號ヲ以テ本條中改正）

**第四十四條** 町村會ノ議決ハ可否ノ多數ニ依リ之ヲ定ム可否同數ナルトキハ再議議決ス可シ若シ猶同數ナル時ハ議長ノ可否スル所ニ依ル

**第四十五條** 議員ハ自己及其父母兄弟若クハ妻子ノ一身上ニ關スル事件ニ付テハ町村會ノ議決ニ加ハルコトヲ得ス

議員ノ數此除名ノ爲メニ減少シテ會議ヲ開クノ定數ニ滿タサルトキ

ハ郡參事會町村會ニ代テ議決ス

**第四十六條** 町村會ニ於テ町村吏員ノ選擧ヲ行フトキハ其一名每ニ匿名投票ヲ以テ之ヲ爲シ有効投票ノ過半數ヲ得ル者ヲ以テ當選トス若シ過半數ヲ得ル者ナキトキハ最多數ヲ得ル者二名ヲ取リ之ニ就テ更ニ投票セシム若シ最多數ヲ得ル者三名以上同數ナルトキハ議長自ラ抽籤シテ其二名ヲ取リ更ニ投票セシム此再投票ニ於テモ猶過半數ヲ得ル者ナキトキハ抽籤ヲ以テ當選ヲ定ム其他ハ第二十二條、第二十三條、第二十四條第一項ヲ適用ス

前項ノ選擧ニハ町村會ノ議決ヲ以テ指名推選ノ法ヲ用フルコトヲ得

**第四十七條** 町村會ノ會議ハ公開ス但議長ノ意見ヲ以テ傍聽ヲ禁スルコトヲ得

**第四十八條** 議長ハ各議員ニ事務ヲ分課シ會議及選擧ノ事ヲ總理シ開會閉會並延會ヲ命シ議場ノ秩序ヲ保持ス若シ傍聽者ノ公然贊成又ハ擯斥ヲ表シ又ハ喧擾ヲ起ス者アルトキハ議長ハ之ヲ議場外ニ退出セ

シムルコトヲ得

**第四十九條** 町村會ハ書記ヲシテ議事錄ヲ製シテ其議決及選擧ノ顚末並出席議員ノ氏名ヲ記錄セシム可シ議事錄ハ會議ノ末之ヲ朗讀シ議長及議員二名以上之ニ署名ス可シ

町村會ノ書記ハ議長之ヲ選任ス

**第五十條** 町村會ハ其會議細則ヲ設ク可シ其細則ニ違背シタル議員ニ科ス可キ過怠金二圓以下ノ罰則ヲ設クルコトヲ得

**第五十一條** 第三十二條ヨリ第四十九條ニ至ルノ規定ハ之ヲ町村總會ニ適用ス

## 第三章 町村行政

### 第一款 町村吏員ノ組織選任

**第五十二條** 町村ニ町村長及町村助役各一名ヲ置ク可シ但町村條例ヲ以テ助役ノ定員ヲ增加スルコトヲ得

**第五十三條** 町村長及助役ハ町村會ニ於テ其町村公民中年齡滿三十歲

以上ニシテ選擧權ヲ有スル者ヨリ之ヲ選擧ス
町村長及助役ハ第十五條第二項ニ揭載スル職ヲ兼ヌルコトヲ得ス
父子兄弟タルノ緣故アル者ハ同時ニ町村長及助役ノ職ニ在ルコトヲ得ス若シ其緣故アル者助役ノ選擧ニ當ルトキハ其當選ヲ取消シ其町村長ノ選擧ニ當リテ認可ヲ得ルトキハ其緣故アル助役ハ其職ヲ退ク可シ

**第五十四條** 町村長及助役ノ任期ハ四年トス
町村長及助役ノ選擧ハ第四十六條ニ依テ行フ可シ但投票同數ナルトキハ抽籤ノ法ニ依ラス郡參事會之ヲ決ス可シ

**第五十五條** 町村長及助役ハ名譽職トス但第五十六條ノ有給町村長及有給助役ハ此限ニ在ラス
町村長ハ職務取扱ノ爲メニ要スル實費辨償ノ外勤務ニ相當スル報酬ヲ受クルコトヲ得助役ニシテ行政事務ノ一部ヲ分掌スル場合（第七十條第二項）ニ於テモ亦同シ

**第五十六條** 町村ノ情況ニ依リ町村條例ノ規定ヲ以テ町村長ニ給料ヲ給スルコトヲ得又大ナル町村ニ於テハ町村條例ノ規定ヲ以テ助役一名ヲ有給吏員ト爲スコトヲ得

有給町村長及有給助役ハ其町村公民タル者ニ限ラス但當選ニ應シ認可ヲ得ルトキハ其公民タルノ權ヲ得

**第五十七條** 有給町村長及有給助役ハ三箇月前ニ申立ツルトキハ隨時退職ヲ求ムルコトヲ得此場合ニ於テハ退隱料ヲ受クルノ權ヲ失フモノトス

**第五十八條** 有給町村長及有給助役ハ他ノ有給ノ職務ヲ兼任シ又ハ株式會社ノ社長及重役トナルコトヲ得ス其他ノ營業ハ郡長ノ認許ヲ得ルニ非サレハ之ヲ爲スコトヲ得ス

**第五十九條** 町村長及助役ノ選擧ハ府縣知事ノ認可ヲ受ク可シ

**第六十條** 府縣知事前條ノ認可ヲ與ヘサルトキハ府縣參事會ノ意見ヲ聞クコトヲ要ス若シ府縣參事會同意セサルモ猶府縣知事ニ於テ認可

ス可カラストスト爲ストキハ自己ノ責任ヲ以テ之ニ認可ヲ與ヘサルコトヲ得

府縣知事ノ不認可ニ對シ町村長又ハ町村會ニ於テ不服アルトキハ內務大臣ニ具申シテ認可ヲ請フコトヲ得

**第六十一條** 町村長及助役ノ選擧其認可ヲ得サルトキハ再選擧ヲ爲ス可シ再選擧ニシテ猶其認可ヲ得サルトキハ追テ選擧ヲ行ヒ認可ヲ得ルニ至ルノ間認可ノ權アル監督官廳ハ臨時ニ代理者ヲ選任シ又ハ町村費ヲ以テ官吏ヲ派遣シ町村長及助役ノ職務ヲ管掌セシム可シ

**第六十二條** 町村ニ收入役一名ヲ置ク收入役ハ町村長ノ推薦ニ依リ町村會之ヲ選任ス

收入役ハ有給吏員ト爲シ其任期ハ四年トス

收入役ハ町村長及助役ヲ兼ヌルコトヲ得ス其他第五十六條第二項、第五十七條及第七十六條ヲ適用ス

收入役ノ選任ハ郡長ノ認可ヲ受ク可シ若シ認可ヲ與ヘサルトキハ郡

參事會ノ意見ヲ聞クコトヲ要ス郡參事會之ニ同意セサルモ猶郡長ニ於テ認可ス可カラスト爲ストキハ自己ノ責任ヲ以テ之ニ認可ヲ與ヘサルコトヲ得其他第六十一條ヲ適用ス

郡長ノ不認可ニ對シ町村長又町村會ニ於テ不服アルトキハ府縣知事ニ具申シテ認可ヲ請フコトヲ得

收入支出ノ寡少ナル町村ニ於テハ郡長ノ許可ヲ得テ町村長又ハ助役ヲシテ收入役ノ事務ヲ兼掌セシムルコトヲ得

**第六十三條** 町村ニ書記其他必要ノ附屬員並使丁ヲ置キ相當ノ給料ヲ給ス其人員ハ町村會ノ議決ヲ以テ之ヲ定ム但町村長ニ相當ノ書記料ヲ給與シテ書記ノ事務ヲ委任スルコトヲ得

町村附屬員ハ町村長ノ推薦ニ依リ町村會之ヲ選任シ使丁ハ町村長之ヲ任用ス

**第六十四條** 町村ノ區域廣濶ナルトキ又ハ人口稠密ナルトキハ處務便宜ノ爲メ町村會ノ議決ニ依リ之ヲ數區ニ分チ毎區區長及其代理者各

一名ヲ置クコトヲ得區長及其代理者ハ名譽職トス

區長及其代理者ハ町村會ニ於テ其町村ノ公民中選擧權ヲ有スル者ヨリ之ヲ選擧ス區會（第百十四條）ヲ設クル區ニ於テハ其區會ニ於テ之ヲ選擧ス

**第六十五條** 町村ハ町村會ノ議決ニ依リ臨時又ハ常設ノ委員ヲ置クコトヲ得其委員ハ名譽職トス

委員ハ町村會ニ於テ町村會議員又ハ町村公民中選擧權ヲ有スル者ヨリ選擧シ町村長又ハ其委任ヲ受ケタル助役ヲ以テ委員長トス

常設委員ノ組織ニ關シテハ町村條例ヲ以テ別段ノ規定ヲ設クルコトヲ得

**第六十六條** 區長及委員ニハ職務取扱ノ爲メニ要スル實費辨償ノ外町村會ノ議決ニ依リ勤務ニ相當スル報酬ヲ給スルコトヲ得

**第六十七條** 町村吏員ハ任期滿限ノ後再選セラルヽコトヲ得

町村吏員及使丁ハ別段ノ規定又ハ規約アルモノヲ除クノ外隨時解職

スルコトヲ得



### 第二款　町村吏員ノ職務權限

**第六十八條**　町村長ハ其町村ヲ統轄シ其行政事務ヲ擔任ス

町村長ノ擔任スル事務ノ概目左ノ如シ

一　町村會ノ議事ヲ準備シ及其議決ヲ執行スル事若シ町村會ノ議決其權限ヲ越エ法律命令ニ背キ又ハ公衆ノ利益ヲ害スト認ムルトキハ町村長ハ自己ノ意見ニ依リ又ハ監督官廳ノ指揮ニ依リ理由ヲ示シテ議決ノ執行ヲ停止シ之ヲ再議セシメ猶其議決ヲ更メサルトキハ郡參事會ノ裁決ヲ請フ可シ其權限ヲ越エ又ハ法律勅令ニ背クニ依テ議決ノ執行ヲ停止シタル場合ニ於テ府縣參事會ノ裁決ニ不服アル者ハ行政裁判所ニ出訴スルコトヲ得

二　町村ノ設置ニ係ル營造物ヲ管理スル事若シ特ニ之カ管理者アルトキハ其事務ヲ監督スル事

三　町村ノ歳入ヲ管理シ歳入出豫算表其他町村會ノ議決ニ依テ定マ

リタル收入支出ヲ命令シ會計及出納ヲ監視スル事
四　町村ノ權利ヲ保護シ町村有ノ財產ヲ管理スル事
五　町村吏員及使丁ヲ監督シ懲戒處分ヲ行フ事其懲戒處分ハ譴責及五圓以下ノ過怠金トス
六　町村ノ諸證書及公文書類ヲ保管スル事
七　外部ニ對シテ町村ヲ代表シ町村ノ名義ヲ以テ其訴訟並和解ニ關シ又ハ他廳若クハ人民ト商議スル事
八　法律勅令ニ依リ又ハ町村會ノ議決ニ從テ使用料、手數料、町村稅及夫役現品ヲ賦課徵收スル事
九　其他法律命令又ハ上司ノ指令ニ依テ町村長ニ委任シタル事務ヲ處理スル事

**第六十九條**　町村長ハ法律命令ニ從ヒ左ノ事務ヲ管掌ス

一　司法警察補助官タルノ職務及法律命令ニ依テ其管理ニ屬スル地方警察ノ事務但別ニ官署ヲ設ケテ地方警察事務ヲ管掌セシムルト

キハ此限ニ在ラス

二　浦役場ノ事務

三　國ノ行政並府縣郡ノ行政ニシテ町村ニ屬スル事務但別ニ吏員ノ設ケアルトキハ此限ニ在ラス

右三項中ノ事務ハ監督官廳ノ許可ヲ得テ之ヲ助役ニ分掌セシムルコトヲ得

本條ニ掲載スル事務ヲ執行スルカ爲ニ要スル費用ハ町村ノ負擔トス

**第七十條**　町村助役ハ町村長ノ事務ヲ補助ス

町村長ハ町村會ノ同意ヲ得テ助役ヲシテ町村行政事務ノ一部ヲ分掌セシムルコトヲ得

助役ハ町村長故障アルトキ之ヲ代理ス助役數名アルトキハ上席者之ヲ代理ス可シ

**第七十一條**　町村收入役ハ町村ノ收入ヲ受領シ其費用ノ支拂ヲ爲シ其他會計事務ヲ掌ル

第七十二條　書記ハ町村長ニ屬シ庶務ヲ分掌ス

第七十三條　區長及其代理者ハ町村長ノ機關トナリ其指揮命令ヲ受ケテ區内ニ關スル町村長ノ事務ヲ補助執行スルモノトス

第七十四條　委員（第六十五條）ハ町村行政事務ノ一部ヲ分掌シ又ハ營造物ヲ管理シ若クハ監督シ又ハ一時ノ委託ヲ以テ事務ヲ處辨スルモノトス

委員長ハ委員ノ議決ニ加ハルノ權ヲ有ス助役ヲ以テ委員長ト爲ス場合ニ於テモ町村長ハ臨時委員會ニ出席シテ其委員長ト爲リ並其議決ニ加ハルノ權ヲ有ス

常設委員ノ職務權限ニ關シテハ町村條例ヲ以テ別段ノ規定ヲ設クルコトヲ得

## 第三款　給料及給與

第七十五條　名譽職員ハ此法律中別ニ規定アルモノヲ除クノ外職務取扱ノ爲メニ要スル實費ノ辨償ヲ受クルコトヲ得

實費辨償額、報酬額及書記料ノ額（第六十三條第一項）ハ町村會之ヲ議決ス

**第七十六條** 有給町村長有給助役其他有給吏員及使丁ノ給料額ハ町村會ノ議決ヲ以テ之ヲ定ム

町村會ノ議決ヲ以テ町村長及助役ノ給料額ヲ定ムルトキハ郡長ノ許可ヲ受クルコトヲ要ス郡長ニ於テ之ヲ許可ス可カラスト認ムルトキハ郡參事會ノ議決ニ付シテ之ヲ確定ス

**第七十七條** 町村條例ノ規定ヲ以テ有給吏員ノ退隱料ヲ設クルコトヲ得

**第七十八條** 有給吏員ノ給料、退隱料其他第七十五條ニ定ムル給與ニ關シテ異議アルトキハ關係者ノ申立ニ依リ郡參事會之ヲ裁決ス其郡參事會ノ裁決ニ不服アル者ハ府縣參事會ニ訴願シ其府縣參事會ノ裁決ニ不服アル者ハ行政裁判所ニ出訴スルコトヲ得

**第七十九條** 退隱料ヲ受クル者官職又ハ府縣郡市町村及公共組合ノ職

務ニ就キ給料ヲ受クルトキハ其間之ヲ停止シ又ハ更ニ退隱料ヲ受クルノ權ヲ得ルトキ其額舊退隱料ト同額以上ナルトキハ舊退隱料ハ之ヲ廢止ス

**第八十條** 給料、退隱料、報酬及辨償等ハ總テ町村ノ負擔トス

## 第四章 町村有財產ノ管理

### 第一款 町村有財產及町村稅

**第八十一條** 町村ハ其不動產、積立金穀等ヲ以テ基本財產ト爲シ之ヲ維持スルノ義務アリ

臨時ニ收入シタル金穀ハ基本財產ニ加入ス可シ但寄附金等寄附者其使用ノ目的ヲ定ムルモノハ此限ニ在ラス

**第八十二條** 凡町村有財產ハ全町村ノ爲メニ之ヲ管理シ及共用スルモノトス但特ニ民法上ノ權利ヲ有スル者アルトキハ此限ニ在ラス

**第八十三條** 舊來ノ慣行ニ依リ町村住民中特ニ其町村有ノ土地物件ヲ使用スル權利ヲ有スル者アルトキハ町村會ノ議決ヲ經ルニ非サレハ

其舊慣ヲ改ムルコトヲ得ス

**第八十四條** 町村住民中特ニ其町村有ノ土地物件ヲ使用スル權利ヲ得ントスル者アルトキハ町村條例ノ規定ニ依リ使用料若クハ一時ノ加入金ヲ徴收シ又ハ使用料加入金ヲ共ニ徴收シテ之ヲ許可スルコトヲ得但特ニ民法上使用ノ權利ヲ有スル者ハ此限ニ在ラス

**第八十五條** 使用權ヲ有スル者（第八十三條第八十四條）ハ使用ノ多寡ニ準シテ其土地物件ニ係ル必要ナル費用ヲ分擔ス可キモノトス

**第八十六條** 町村會ハ町村ノ爲メニ必要ナル場合ニ於テハ使用權（第八十三條第八十四條）ヲ取上ケ又ハ制限スルコトヲ得但特ニ民法上使用ノ權利ヲ有スル者ハ此限ニ在ラス

**第八十七條** 町村有財產ノ賣却貸與又ハ建築工事及物品調達ノ請負ハ公ケノ入札ニ付ス可シ但臨時急施ヲ要スルトキ及入札ノ價額其費用ニ比シテ得失相償ハサルトキ又ハ町村會ノ認許ヲ得ルトキハ此限ニ在ラス

第八十八條　町村ハ其必要ナル支出及從前法律命令ニ依テ賦課セラレ又ハ將來法律勅令ニ依テ賦課セラルヽ支出ヲ負擔スルノ義務アリ
町村ハ其財產ヨリ生スル收入及使用料、手數料（第八十九條）並科料、過怠金其他法律勅令ニ依リ町村ニ屬スル收入ヲ以テ前項ノ支出ニ充テ猶不足アルトキハ町村稅（第九十條）及夫役現品（第百一條）ヲ賦課徵收スルコトヲ得

第八十九條　町村ハ其所有物及營造物ノ使用ニ付又ハ特ニ數個人ノ爲メニスル事業ニ付使用料又ハ手數料ヲ徵收スルコトヲ得

第九十條　町村稅トシテ賦課スルコトヲ得可キ目左ノ如シ
一　國稅府縣稅ノ附加稅
二　直接又ハ間接ノ特別稅
附加稅ハ直接ノ國稅又ハ府縣稅ニ附加シ均一ノ稅率ヲ以テ町村ノ全部ヨリ徵收スルヲ常例トス特別稅ハ附加稅ノ外別ニ町村限リ稅目ヲ起シテ課稅スルコトヲ要スルトキ賦課徵收スルモノトス

**第九十一條** 此法律ニ規定セル條項ヲ除クノ外使用料、手數料（第八十九條）特別稅（第九十條第一項第二）及從前ノ町村費ニ關スル細則ハ町村條例ヲ以テ之ヲ規定ス可シ其條例ニハ科料一圓九十五錢以下ノ罰則ヲ設クルコトヲ得

科料ニ處シ及之ヲ徵收スルハ町村長之ヲ掌ル其處分ニ不服アル者ハ令狀交付後十四日以內ニ司法裁判所ニ出訴スルコトヲ得

**第九十二條** 三箇月以上町村內ニ滯在スル者ハ其町村稅ヲ納ムルモノトス但其課稅ハ滯在ノ初ニ遡リ徵收ス可シ

**第九十三條** 町村內ニ住居ヲ搆ヘス又ハ三箇月以上滯在スルコトナシト雖モ町村內ニ土地家屋ヲ所有シ又ハ營業ヲ爲ス者（店舖ヲ定メサル行商ヲ除ク）ハ其土地家屋營業若クハ其所得ニ對シテ賦課スル町村稅ヲ納ムルモノトス其法人タルトキモ亦同シ但郵便電信及官設鐵道ノ業ハ此限ニ在ラス

**第九十四條** 所得稅ニ附加稅ヲ賦課シ及町村ニ於テ特別ニ所得稅ヲ賦

課セントスルトキハ納稅者ノ町村外ニ於ケル所有ノ土地家屋又ハ營業（店舖ヲ定メサル行商ヲ除ク）ヨリ收入スル所得ハ之ヲ控除ス可キモノトス

**第九十五條** 數市町村ニ住居ヲ搆ヘ又ハ滯在スル者ニ前條ノ町村稅ヲ賦課スルトキハ其所得ヲ各市町村ニ平分シ其一部分ニノミ課稅ス可シ但土地家屋又ハ營業ヨリ收入スル所得ハ此限ニ在ラス

**第九十六條** 所得稅法第三條ニ揭クル所得ハ町村稅ヲ免除ス

**第九十七條** 左ニ揭クル物件ハ町村稅ヲ免除ス

一 政府、府縣郡市町村及公共組合ニ屬シ直接ノ公用ニ供スル土地、營造物及家屋

二 社寺及官立公立ノ學校病院其他學藝、美術及慈善ノ用ニ供スル土地、營造物及家屋

三 官有ノ山林又ハ荒蕪地但官有山林又ハ荒蕪地ノ利益ニ係ル事業ヲ起シ內務大臣及大藏大臣ノ許可ヲ得テ其費用ヲ徵收スルハ此限

ニ在ラス

新開地及開墾地ハ町村條例ニ依リ年月ヲ限リ免税スルコトヲ得

**第九十八條** 前二條ノ外町村税ヲ免除ス可キモノハ別段ノ法律勅令ニ定ムル所ニ從フ皇族ニ係ル町村税ノ賦課ハ追テ法律勅令ヲ以テ定ムル迄現今ノ例ニ依ル

**第九十九條** 數個人ニ於テ専ラ使用スル所ノ營造物アルトキハ其修築及保存ノ費用ハ之ヲ其關係者ニ賦課ス可シ

町村内ノ一部ニ於テ専ラ使用スル營造物アルトキハ其部内ニ住居シ若クハ滯在シ又ハ土地家屋ヲ所有シ營業（店舗ヲ定メサル行商ヲ除ク）ヲ爲ス者ニ於テ其修築及保存ノ費用ヲ負擔ス可シ但其一部ノ所有財産アルトキハ其收入ヲ以テ先ツ其費用ニ充ツ可シ

**第百條** （三十三年法律第四十七號ヲ以テ削除）

**第百一條** 町村公共ノ事業ヲ起シ又ハ公共ノ安寧ヲ維持スルカ爲メニ夫役及現品ヲ以テ納税者ニ賦課スルコトヲ得但學藝、美術及手工ニ

關スル勞役ヲ課スルコトヲ得ス
夫役及現品ハ急迫ノ場合ヲ除クノ外直接町村税ヲ準率ト爲シ且ツ之ヲ金額ニ算出シテ賦課ス可シ
夫役ヲ課セラレタル者ハ其便宜ニ從ヒ本人自ラ之ニ當リ又ハ適當ノ代人ヲ出スコトヲ得又急迫ノ場合ヲ除クノ外金圓ヲ以テ之ニ代フルコトヲ得

**第百二條** 町村ニ於テ徵收スル使用料、手數料（第八十九條）町村税（第九十條）夫役ニ代フル金圓（第百一條）共有物使用料及加入金（第八十四條）其他町村ノ收入ヲ定期內ニ納メサルトキハ町村長ハ之ヲ督促シ猶之ヲ完納セサルトキハ國税滯納處分法ニ依リ之ヲ徵收ス可シ其督促ヲ爲スニハ町村條例ノ規定ニ依リ手數料ヲ徵收スルコトヲ得
納税者中無資力ナル者アルトキハ町村長ノ意見ヲ以テ會計年度內ニ限リ納税延期ヲ許スコトヲ得其年度ヲ越ユル場合ニ於テハ町村會ノ

議決ニ依ル
本條ニ記載スル徴收金ノ追徴、期滿得免及先取特權ニ付テハ國稅ニ關スル規則ヲ適用ス

**第百三條** 地租ノ附加稅ハ地租ノ納稅者ニ賦課シ其他土地ニ對シテ賦課スル町村稅ハ其所有者又ハ使用者ニ賦課スルコトヲ得

**第百四條** 町村稅ノ賦課ニ對スル訴願ハ賦課令狀ノ交付後三箇月以內ニ之ヲ町村長ニ申立ツ可シ此期限ヲ經過スルトキハ其年度內減稅免稅及償還ヲ請求スルノ權利ヲ失フモノトス

**第百五條** 町村稅ノ賦課及町村ノ營造物、町村有ノ財產並其所得ヲ使用スル權利ニ關スル訴願ハ町村長之ヲ裁決ス但民法上ノ權利ニ係ルモノハ此限ニ在ラス
前項ノ裁決ニ不服アル者ハ郡參事會ニ訴願シ其郡參事會ノ裁決ニ不服アル者ハ府縣參事會ニ訴願シ其府縣參事會ノ裁決ニ不服アル者ハ行政裁判所ニ出訴スルコトヲ得

本條ノ訴願及訴訟ノ爲メニ其處分ノ執行ヲ停止スルコトヲ得ス

**第百六條** 町村ニ於テ公債ヲ募集スルハ從前ノ公債元額ヲ償還スル爲メ又ハ天災時變等已ムヲ得サル支出若クハ町村永久ノ利益トナル可キ支出ヲ要スルニ方リ通常ノ歲入ヲ增加スルトキハ其町村住民ノ負擔ニ堪ヘサルノ塲合ニ限ルモノトス

町村會ニ於テ公債募集ノ事ヲ議決スルトキハ併セテ其募集ノ方法、利息ノ定率及償還ノ方法ヲ定ム可シ償還ノ初期ハ三年以內ト爲シ年々償還ノ步合ヲ定メ募集ノ時ヨリ三十年以內ニ還了ス可シ

定額豫算內ノ支出ヲ爲スカ爲メ必要ナル一時ノ借入金ハ本條ノ例ニ依ラス其年度內ノ收入ヲ以テ償還ス可キモノトス

## 第二款　町村ノ歲入出豫算及決算

**第百七條** 町村長ハ每會計年度收入支出ノ豫知シ得可キ金額ヲ見積リ年度前二箇月ヲ限リ歲入出豫算表ヲ調製ス可シ但町村ノ會計年度ハ政府ノ會計年度ニ同シ

内務大臣ハ省令ヲ以テ豫算表調製ノ式ヲ定ムルコトヲ得

**第百八條** 豫算表ハ會計年度前町村會ノ議決ヲ取リ之ヲ郡長ニ報告シ並地方慣行ノ方式ヲ以テ其要領ヲ公告ス可シ

豫算表ヲ町村會ニ提出スルトキハ町村長ハ併セテ其町村事務報告書及財產明細表ヲ提出ス可シ

**第百九條** 定額豫算外ノ費用又ハ豫算ノ不足アルトキハ町村會ノ認定ヲ得テ之ヲ支出スルコトヲ得

定額豫算中臨時ノ塲合ニ支出スルカ爲メニ豫備費ヲ置キ町村長ハ豫メ町村會ノ認定ヲ受ケスシテ豫算外ノ費用又ハ豫算超過ノ費用ニ充ツルコトヲ得但町村會ノ否決シタル費途ニ充ツルコトヲ得ス

**第百十條** 町村會ニ於テ豫算表ヲ議決シタルトキハ町村長ヨリ其謄寫ヲ以テ之ヲ收入役ニ交付ス可シ其豫算表中監督官廳若クハ參事會ノ許可ヲ受ク可キ事項アルトキハ（第百二十五條ヨリ第百二十七條ニ至ル）先ツ其許可ヲ受ク可シ

收入役ハ町村長（第六十八條第二項第三）又ハ監督官廳ノ命令アルニ非サレハ支拂ヲ爲スコトヲ得ス又收入役ハ町村長ノ命令ヲ受クルモ其支出豫算表中ニ豫定ナキカ又ハ其命令第百九條ノ規定ニ依ラサルトキハ支拂ヲ爲スコトヲ得ス

前項ノ規定ニ背キタル支拂ハ總テ收入役ノ責任ニ歸ス

**第百十一條** 町村ノ出納ハ毎月例日ヲ定メテ檢査シ及毎年少クモ一回臨時檢査ヲ爲ス可シ例月檢査ハ町村長又ハ其代理者之ヲ爲シ臨時檢査ハ町村長又ハ其代理者ノ外町村會ノ互選シタル議員一名以上ノ立會ヲ要ス

**第百十二條** 決算ハ會計年度ノ終ヨリ三箇月以內ニ之ヲ結了シ證書類ヲ併セテ收入役ヨリ之ヲ町村長ニ提出シ町村長ハ之ヲ審査シ意見ヲ附シテ之ヲ町村會ノ認定ニ付ス可シ第六十二條第五項ノ塲合ニ於テハ前例ニ依リ町村長ヨリ直チニ之ヲ町村會ニ提出ス可シ其町村會ノ認定ヲ經タルトキハ町村長ハ之ヲ郡長ニ報告ス可シ

**第百十三條** 決算報告ヲ爲ストキハ第四十條ノ例ニ準シテ議長代理者共ニ故障アルモノトス

## 第五章 町村內各部ノ行政

**第百十四條** 町村內ノ區(第六十四條)又ハ町村內ノ一部若クハ合併町村(第四條)ニシテ別ニ其區域ヲ存シテ一區ヲ爲スモノ特別ニ財產ヲ所有シ若クハ營造物ヲ設ケ其一區限リ特ニ其費用(第九十九條)ヲ負擔スルトキハ郡參事會ハ其町村會ノ意見ヲ聞キ條例ヲ發行シ財產及營造物ニ關スル事務ノ爲メ區會又ハ區總會ヲ設クルコトヲ得其會議ハ町村會ノ例ヲ適用スルコトヲ得

**第百十五條** 前條ニ記載スル事務ハ町村ノ行政ニ關スル規則ニ依リ町村長之ヲ管理ス可シ但區ノ出納及會計ノ事務ハ之ヲ分別ス可シ

## 第六章 町村組合

**第百十六條** 數町村ノ事務ヲ共同處分スル爲メ其協議ニ依リ監督官廳ノ許可ヲ得テ其町村ノ組合ヲ設クルコトヲ得

法律上ノ義務ヲ負擔スルニ堪フ可キ資力ヲ有セサル町村ニシテ他ノ町村ト合併(第四條)スルノ協議整ハス又ハ其事情ニ依リ合併ヲ不便ト爲ストキハ郡參事會ノ議決ヲ以テ數町村ノ組合ヲ設ケシムルコトヲ得

**第百十七條** 町村組合ヲ設クルノ協議ヲ爲ストキハ(第百十六條第一項)組合會議ノ組織、事務ノ管理方法並其費用ノ支辨方法ヲ併セテ規定ス可シ

前條第二項ノ塲合ニ於テハ其關係町村ノ協議ヲ以テ組合費用ノ分擔法等其他必要ノ事項ヲ規定ス可シ若シ其協議整ハサルトキハ郡參事會ニ於テ之ヲ定ム可シ

**第百十八條** 町村組合ハ監督官廳ノ許可ヲ得ルニ非サレハ之ヲ解クコトヲ得ス

## 第七章 町村行政ノ監督

**第百十九條** 町村ノ行政ハ第一次ニ於テ郡長之ヲ監督シ第二次ニ於テ

府縣知事之ヲ監督シ第三次ニ於テ内務大臣之ヲ監督ス但法律ニ指定シタル塲合ニ於テ郡參事會及府縣參事會ノ參與スルハ別段ナリトス
町村ノ行政ニ關シ主務大臣ノ許可ヲ要スヘキ事項中其輕易ナルモノハ勅令ノ規定ニ依リ其許可ノ職權ヲ府縣知事ニ委任スルコトヲ得
（三十三年法律第四十七號ヲ以テ本項追加）

**第百二十條** 此法律中別段ノ規定アル塲合ヲ除クノ外凡町村ノ行政ニ關スル郡長若クハ郡參事會ノ處分若クハ裁決ニ不服アル者ハ府縣知事若クハ府縣參事會ニ訴願シ其府縣知事若クハ府縣參事會ノ裁決ニ不服アル者ハ内務大臣ニ訴願スルコトヲ得

町村ノ行政ニ關スル訴願ハ處分書若クハ裁決書ヲ交付シ又ハ之ヲ告知シタル日ヨリ十四日以内ニ其理由ヲ具シテ之ヲ提出ス可シ但此法律中別ニ期限ヲ定ムルモノハ此限ニ在ラス

此法律中ニ指定スル場合ニ於テ府縣知事若クハ府縣參事會ノ裁決ニ不服アリテ行政裁判所ニ出訴セントスル者ハ裁決書ヲ交付シ又ハ之

ヲ告知シタル日ヨリ二十一日以内ニ出訴ス可シ
行政裁判所ニ出訴スルコトヲ許シタル場合ニ於テハ内務大臣ニ訴願スルコトヲ得ス
訴願及訴訟ヲ提出スルトキハ處分又ハ裁決ノ執行ヲ停止ス但此法律中別ニ規定アリ又ハ當該官廳ノ意見ニ依リ其停止ノ爲メニ町村ノ公益ニ害アリト爲ストキハ此限ニ在ラス

**第百二十一條** 監督官廳ハ町村行政ノ法律命令ニ背戻セサルヤ其事務錯亂澁滯セサルヤ否ヲ監視ス可シ監督官廳ハ之カ爲メニ行政事務ニ關シテ報告ヲ爲サシメ豫算及決算等ノ書類帳簿ヲ徵シ並實地ニ就テ事務ノ現況ヲ視察シ出納ヲ檢閲スルノ權ヲ有ス

**第百二十二條** 町村又ハ其組合ニ於テ法律勅令ニ依テ負擔シ又ハ當該官廳ノ職權ニ依テ命令スル所ノ支出ヲ定額豫算ニ載セス又ハ臨時之ヲ承認セス又ハ實行セサルトキハ郡長ハ理由ヲ示シテ其支出額ヲ定額豫算表ニ加ヘ又ハ臨時支出セシム可シ

町村又ハ其組合ニ於テ前項ノ處分ニ不服アルトキハ府縣參事會ニ訴願シ其府縣參事會ノ裁決ニ不服アルトキハ行政裁判所ニ出訴スルコトヲ得

**第百二十三條** 凡町村會ニ於テ議決ス可キ事件ヲ議決セサルトキハ郡參事會代テ之ヲ議決ス可シ

**第百二十四條** 內務大臣ハ町村會ヲ解散セシムルコトヲ得解散ヲ命シタル場合ニ於テハ同時ニ三箇月以內更ニ議員ヲ改選ス可キコトヲ命ス可シ但改選町村會ノ集會スル迄ハ郡參事會町村會ニ代テ一切ノ事件ヲ議決ス

**第百二十五條** 左ノ事件ニ關スル町村會ノ議決ハ內務大臣ノ許可ヲ受クルコトヲ要ス(三十三年法律第四十七號ヲ以テ第二項削除)

一　町村條例ヲ設ケ並改正スル事

二　學藝美術ニ關シ又ハ歷史上貴重ナル物品ノ賣却讓與質入書入交換若クハ大ナル變更ヲ爲ス事

**第百二十六條** 左ノ事件ニ關スル町村會ノ議決ハ内務大臣及大藏大臣ノ許可ヲ受クルコトヲ要ス

一 新ニ町村ノ負債ヲ起シ又ハ負債額ヲ増加シ及第百六條第二項ノ例ニ違フモノ但償還期限三年以内ノモノハ此限ニ在ラス

二 町村特別税並使用料、手數料ヲ新設シ増額シ又ハ變更スル事

三 地租五分ノ一其他直接國税百分ノ五十ヲ超過スル附加税ヲ賦課スル事(三十三年法律第四十八號ヲ以テ本號中改正)

四 間接國税ニ附加税ヲ賦課スル事

五 法律勅令ノ規定ニ依リ官廳ヨリ補助スル步合金ニ對シ支出金ヲ定ムル事

**第百二十七條** 左ノ事件ニ關スル町村會ノ議決ハ郡參事會ノ許可ヲ受クルコトヲ要ス

一 町村ノ營造物ニ關スル規則ヲ設ケ並改正スル事

二 基本財産ノ處分ニ關スル事(第八十一條)

三　町村有不動産ノ賣却讓與並質入書入ヲ爲ス事
四　各個人特ニ使用スル町村有土地使用法ノ變更ヲ爲ス事（第八十六條）
五　各種ノ保證ヲ與フル事
六　法律勅令ニ依テ負擔スル義務ニ非スシテ向五箇年以上ニ亘リ新ニ町村住民ニ負擔ヲ課スル事
七　均一ノ税率ニ據ラスシテ國税府縣税ニ附加税ヲ賦課スル事（第九十條第二項）
八　第九十九條ニ從ヒ數個人又ハ町村内ノ一部ニ費用ヲ賦課スル事
九　第百一條ノ準率ニ據ラスシテ夫役及現品ヲ賦課スル事

**第百二十八條**　府縣知事郡長ハ町村長、助役、委員、區長其他町村吏員ニ對シ懲戒處分ヲ行フコトヲ得其懲戒處分ハ譴責及過怠金トス郡長ノ處分ニ係ル過怠金ハ十圓以下府縣知事ノ處分ニ係ルモノハ二十五圓以下トス

追テ町村吏員ノ懲戒法ヲ設クル迄ハ左ノ區別ニ從ヒ官吏懲戒例ヲ適用ス可シ
一　町村長ノ懲戒處分（第六十八條第二項第五）ニ不服アル者ハ郡長ニ訴願シ其郡長ノ議決ニ不服アル者ハ府縣知事ニ訴願シ其府縣知事ノ其裁決ニ不服アル者ハ行政裁判所ニ出訴スルコトヲ得
二　郡長ノ懲戒處分ニ不服アル者ハ府縣知事ニ訴願シ府縣知事ノ懲戒處分及其裁決ニ不服アル者ハ行政裁判所ニ出訴スルコトヲ得
三　本條第一項ニ掲載スル町村吏員職務ニ違フコト再三ニ及ヒ又ハ其情狀重キ者又ハ行狀ヲ亂リ廉耻ヲ失フ者、財産ヲ浪費シ其分ヲ守ラサル者又ハ職務擧ラサル者ハ懲戒裁判ヲ以テ其職ヲ解クコトヲ得其隨時解職スルコトヲ得可キ者ハ（第六十七條）懲戒裁判ヲ以テスルノ限ニ在ラス
總テ解職セラレタル者ハ自己ノ所爲ニ非スシテ職務ヲ執ルニ堪ヘサルカ爲メ解職セラレタル場合ヲ除クノ外退隱料ヲ受クルノ權ヲ

失フモノトス

四　懲戒裁判ハ郡長其審問ヲ爲シ郡參事會之ヲ裁決ス其裁決ニ不服アル者ハ府縣參事會ニ訴願シ其府縣參事會ノ裁決ニ不服アル者ハ行政裁判所ニ出訴スルコトヲ得

監督官廳ハ懲戒裁判ノ裁決前吏員ノ停職ヲ命シ並給料ヲ停止スルコトヲ得

**第百二十九條**　町村吏員及使丁其職務ヲ盡サス又ハ權限ヲ越エタル事アルカ爲メ町村ニ對シテ賠償ス可キコトアルトキハ郡參事會之ヲ裁決ス其裁決ニ不服アル者ハ裁決書ヲ交付シ又ハ之ヲ告知シタル日ヨリ七日以内ニ府縣參事會ニ訴願シ其府縣參事會ノ裁決ニ不服アル者ハ行政裁判所ニ出訴スルコトヲ得但訴願ヲ爲シタルトキハ郡參事會ハ假ニ其財産ヲ差押フルコトヲ得

## 第八章　附則

**第百三十條**　郡參事會、府縣參事會及行政裁判所ヲ開設スル迄ノ間郡

參事會ノ職務ハ郡長、府縣參事會ノ職務ハ府縣知事、行政裁判所ノ職務ハ内閣ニ於テ之ヲ行フ可シ

**第百三十一條** 此法律ニ依リ初テ議員ヲ選擧スルニ付町村長及町村會ノ職務並町村條例ヲ以テ定ム可キ事項ハ郡長又ハ其指命スル官吏ニ於テ之ヲ施行ス可シ

**第百三十二條** 此法律ハ北海道、沖繩縣其他勅令ヲ以テ指定スル島嶼ニ之ヲ施行セス別ニ勅令ヲ以テ其制ヲ定ム

**第百三十三條** 前條ノ外特別ノ事情アル地方ニ於テハ町村會及町村長ノ具申又ハ郡參事會ノ具申ニ依リ勅令ヲ以テ此法律中ソ條規ヲ中止スルコトアル可シ

**第百三十四條** 社寺宗敎ノ組合ニ關シテハ此法律ヲ適用セス現行ノ例規及其他ノ習慣ニ從フ

**第百三十五條** 此法律中ニ記載セル人口ハ最終ノ人口調査ニ依リ現役軍人ヲ除キタル數ヲ云フ

**第百三十六條** 現行ノ租税中此法律ニ於テ直接税又ハ間接税トス可キ類別ハ內務大臣及大藏大臣之ヲ告示ス

**第百三十七條** 此法律ハ明治二十二年四月一日ヨリ地方ノ情況ヲ裁酌シ府縣知事ノ具申ニ依リ內務大臣ノ指揮ヲ以テ之ヲ施行ス可シ

**第百三十八條** 明治九年十月第百三十號布告各區町村金穀公借共有物取扱土木起功規則、明治十一年七月第十七號布告郡區町村編制法第六條及第九號但書、明治十七年五月第十四號布告區町村會法、明治十七年五月第十五號布告、明治十七年七月第二十三號布告、明治十八年八月第二十五號布告其他此法律ニ抵觸スル成規ハ此法律施行ノ日ヨリ總テ之ヲ廢止ス

**第百三十九條** 內務大臣ハ此法律實行ノ責ニ任シ之カ爲メ必要ナル命令及訓令ヲ發布ス可シ

●市町村名及市役所町村役塲位置變更方（明治二十三年八月二十九日法律第七十七號）

朕市町村名及市役所町村役塲ノ位置變更ニ關スル件ヲ裁可シ茲ニ之ヲ公布セシム

**第一條** 市町村ノ名稱ヲ變更シ若ハ村ヲ町ト爲シ町ヲ村ト爲サントスルトキハ關係アル市町村會及郡參事會ノ意見ヲ聞キ府縣參事會之ヲ議決シ內務大臣ノ許可ヲ受クヘシ

**第二條** 市役所町村役塲ノ位置ヲ變更スル市町村會ノ議決ハ府縣知事ノ認可ヲ受クヘシ

●町村ノ廢置分合ニ關スル件（明治三十年三月十六日內務省令第三號）

**第一條** 町村制第四條ニ依リ新ニ町村ヲ置キタル塲合ニ於テ町村長就職スルニ至ルマテ監督官廳ハ前町村吏員ニ命シ又ハ臨時ニ代理者ヲ選任シ若クハ町村費ヲ以テ官吏ヲ派遣シ其ノ事務取扱ヲ爲サシムヘシ

前項ニ依リ事務取扱ヲ命シタル前町村ノ吏員及臨時代理者ノ給料

（報酬）旅費（實費辨償額）等ハ監督官廳ニ於テ之ヲ定ムヘシ

**第二條** 新ニ町村ヲ置キタル場合ニ於テ町村會成立スルニ至ルマテ始メテ議員ヲ選擧スルニ付町村會ノ議決スヘキ事件ハ郡參事會代ツテ之ヲ議決スヘシ

**第三條** 新ニ町村ヲ置キタル日ヨリ町村稅徵收ニ至ルマテ其ノ町村必要ノ費用ハ其ノ事務取扱者ニ於テ豫算ヲ設ケ監督官廳ノ認可ヲ受クヘシ

前項ノ費用ハ假ニ町村稅ヲ徵收シテ之ニ充テ又ハ前町村ノ引繼金若クハ一時ノ借入金ヲ以テ之ニ充ツルコトヲ得

**第四條** 前條第二項ニ依リ假徵收ヲ爲シタル町村稅ハ追テ町村會ニ於シ該年度ノ收支豫算ヲ議決シタル上町村稅各納人ニ對シ差引徵收ヲ爲スヘシ

**第五條** 町村制第四條ノ處分ヲ爲シタル爲メ町村ノ消滅シタル場合ニ於テハ其ノ財務ハ實施ノ期日ヲ限リ打切リ決算スヘシ

前項ノ決算ハ其ノ事務ヲ繼承シタル町村長ヨリ其ノ町村會ニ報告スヘシ

**第六條** 町村制第四條ノ處分ヲ爲シタル爲メ町村ノ消滅シタル場合ニ於テ前町村ニ對スル町村稅其ノ他ノ收入ノ未納金アルトキハ其ノ部分ノ屬スル町村ノ町村長ニ於テ之ヲ徵收スヘシ

**第七條** 町村ノ一部ヲ分割シテ新ニ町村ヲ置キ又ハ町村ノ區域ヲ變更シタル場合ニ於テ前町村ニ對スル町村稅其ノ他ノ收入ノ未納金アルトキハ其ノ部分ノ屬スル町村ノ町村長ハ前町村長ノ囑託ニ依リ之ヲ徵收スヘシ

**第八條** 町村公民ノ資格要件中其ノ年限ニ關スルモノハ町村ノ廢置分合若クハ境界變更處分ノ爲ニ中斷セラレサルモノトス

**第九條** 新町村ノ役場位置ハ府縣知事ニ於テ之ヲ定ムヘシ

**第十條** 町村ヲ變シテ市ト爲シ又ハ市ヲ變シテ町村ト爲シ又ハ市制第四條ノ處分ヲ爲シタル場合ニ於テハ法令中別段ノ規程アルモノヲ除

ク外總テ此ノ省令ノ規程ヲ準用ス

●市制町村制第十五條ノ官吏ノ件（明治二十二年六月四日閣令第十八號）

府縣會規則第十三條市制町村制第十五條衆議院議員選擧法第九條第十條ニ記載シタル官吏ハ在職者ノミニ限ルモノトス非職者休職者ニシテ議員又ハ市町村ノ吏員タラントスルトキハ本屬長官ノ許可ヲ受ク可シ

●市町村會議員選擧罰則（明治二十三年五月二十九日法律第三十九號）

朕市町村會議員選擧罰則ニ關スル件ヲ裁可シ玆ニ之ヲ公布セシム

市町村會議員選擧罰則

**第一條** 凡テ選擧資格ニ必要ナル事項ヲ詐稱シテ選擧人名簿ニ記載セラレタル者ハ二圓以上二十圓以下ノ罰金ニ處ス

議員タルコトヲ得サルノ實ヲ告ケスシテ議員トナリタル者ハ三圓以上三十圓以下ノ罰金ニ處ス

**第二條** 投票ヲ得又ハ他人ニ投票ヲ得セシメ若クハ他人ノ爲ニ投票ヲ

爲スコトヲ抑止スルノ目的ヲ以テ直接又ハ間接ニ金錢物品手形若クハ公私ノ職務ヲ選擧人ニ授與シ又ハ授與スルコトヲ約束シタル者ハ三圓以上三十圓以下ノ罰金ニ處ス

其授與又ハ約束ヲ受ケタル者亦同シ

**第三條** 第二條ニ記載シタル目的ヲ以テ選擧會場ノ近傍若クハ選擧人往來ノ途中ニ於テ選擧人ニ酒食ヲ供シ又ハ選擧會場ニ往復スル爲車馬ノ類ヲ給シタル者ハ第二條物品授與ノ例ニ依リ處斷ス

其供給ヲ受ケタル者亦同シ

**第四條** 第二條ニ記載シタル目的ヲ以テ選擧人ノ爲ニ選擧會場ニ往復スル車馬賃又ハ路費若クハ休泊料ノ類ヲ代辨シ又ハ代辨スルコトヲ約束シタル者ハ第二條金錢授與ノ例ニ依リ處斷ス

其代辨又ハ約束ヲ受ケタル者亦同シ

**第五條** 第二條第三條及第四條ニ記載シタル所業ヲ爲シテ第二條ニ記載シタル目的ヲ達シタル者ハ刑法第二百三十四條ノ例ヲ以テ論ス

**第六條** 第二條ニ記載シタル目的ヲ以テ選擧人ニ暴行ヲ加ヘタル者ハ十五日以上三月以下ノ輕禁錮ニ處シ二圓以上二十圓以下ノ罰金ヲ附加ス

**第七條** 第二條ニ記載シタル目的ヲ以テ選擧人ヲ脅逼シ拐引シ若クハ其往來ノ便ヲ妨ケ若クハ詐僞ノ手段ヲ以テ其選擧權ノ施行ヲ妨害シタル者ハ第六條暴行ノ例ニ依リ處斷ス

**第八條** 第六條及第七條ニ記載シタル所業ヲ爲シテ第二條ニ記載シタル目的ヲ達シタル者ハ二月以上二年以下ノ輕禁錮ニ處シ五圓以上五十圓以下ノ罰金ヲ附加ス

**第九條** 選擧人ヲ脅逼シ若クハ選擧會場ヲ騷擾シ又ハ投票函ヲ抑留毀壞若クハ劫奪スルノ目的ヲ以テ多衆ヲ嘯聚シタル者ハ二月以上二年以下ノ輕禁錮ニ處シ五圓以上五十圓以下ノ罰金ヲ附加ス

其情ヲ知リ嘯聚ニ應シタル者ハ十五日以上二月以下ノ輕禁錮又ハ二圓以上二十圓以下ノ罰金ニ處ス

**第十條** 選擧ノ際選擧ニ關スル吏員若クハ選擧掛ニ暴行ヲ加ヘ又ハ暴行ヲ以テ選擧會場ヲ騷擾シ又ハ投票凾ヲ抑留毀壞若クハ劫奪シタル者ハ三月以上三年以下ノ輕禁錮ニ處シ十圓以上百圓以下ノ罰金ヲ附加ス

**第十一條** 多衆ヲ嘯聚シテ第十條ノ罪ヲ犯シタル者ハ二年以上五年以下ノ輕禁錮ニ處シ二十圓以上二百圓以下ノ罰金ヲ附加ス其情ヲ知リ嘯聚ニ應シタル者ハ十五日以上六月以下ノ輕禁錮又ハ四圓以上四十圓以下ノ罰金ニ處ス

**第十二條** 第九條第十條第十一條ノ場合ニ於テ犯罪者戎器又ハ兇器ヲ携帶シタルトキハ各本刑ニ一等ヲ加フ

**第十三條** 選擧會場所在ノ郡市內ニ於テ選擧ノ氣勢ヲ張ル爲多衆集合シ若シクハ隊伍ヲ組ミテ往來シ又ハ篝火松明ヲ焚キ若クハ鐘皷法螺喇叭ノ類ヲ鳴ラシ旗幟其他ノ標章ヲ用キル等ノ所業ヲ爲シ警察官ノ制止ヲ受ルモ仍其命ニ從ハサル者ハ十五日以上二月以下ノ輕禁錮ニ

處シ三圓以上三十圓以下ノ罰金ヲ附加ス

**第十四條** 被選人タルコトヲ得ル者ヲ指シテ被選人タルコトヲ得ス又ハ當選ヲ承諾スルノ意ナシトノ虚報ヲ流傳セシメタル者ハ三圓以上三十圓以下ノ罰金ニ處ス

**第十五條** 戎器又ハ兇器ヲ携帶シテ選擧會場ニ入リタル者ハ三圓以上三十圓以下ノ罰金ニ處ス

**第十六條** 第二條ニ記載シタル目的ヲ以テ張札ノ類ヲ公然掲示シタル者ハ二圓以上二十圓以下ノ罰金ニ處ス

**第十七條** 他人ノ姓名ヲ詐稱シテ投票ヲ爲シ又ハ選擧人タルコトヲ得スシテ投票ヲ爲シタル者ハ三圓以上三十圓以下ノ罰金ニ處ス

**第十八條** 當選人第二條乃至第十六條ニ依リ刑ニ處セラレタルトキハ其當選ハ無効トス

**第十九條** 本法ニ規定シタルモノノ外刑法ニ正條アルモノハ各々其條ニ依リ重キニ從テ處斷ス

**第二十條** 本法ニ關スル犯罪ハ六箇月ヲ以テ期滿免除トス

**第二十一條** 本法ハ市町村會ノ外市制町村制並ニ明治二十二年法律第十一號ニ據リテ開設スル各種ノ議會ノ議員選擧ニモ適用ス

明治四十年六月廿五日印刷
明治四十年六月廿八日發行

市制
町村制

編輯兼發行者　辻本末吉
東京市神田區表神保町七番地

印刷者　熊田敏
東京市神田區錦町三丁目廿五番地

印刷所　熊田活版所
東京市神田區錦町三丁目廿五番地

發行所
東京市神田區表神保町七番地
修學堂書店
振替貯金口座三三二八
電話本局一七五三

東京市神田區表神保町三番地（電本一七五三）（振替番號三三八八）

# 修學堂出版圖書目録

總目録御入用の御方は郵券四錢御送附あれば進呈仕候

## ○はしがき○

夫れ出版の事たる社會事業中最も重要の地位を占むるものにして此れが盛衰は文化の隆替に關し文化の隆替は國運の消長に影響な及ぼすものなり、今や我か國出版社會の趨勢を通覽するに著書の出づる實に汗牛充棟も啻ならざるなり、豈又喜ぶべき現象にあらずや然りと雖世往々にして其の社會に對する貢献事業たるを打ち忘れ營利此れ事とし著者其の人を選まず徒に奇巧なる題目の下に發行して私利を逞しくするものあるは社會一般の認むる所にして國家の爲め又悲むべき所なり、弊堂の初めて足を出版社會に投ずるや、其の事業の社會的にして敢て營利にのみ走るべきものにあらざるを自覺し一たび書を發せんとするや、必ず先づ著者の學識經驗品性等を探知し常に愼重の態度を以てせり聊か又社會に對して誇稱するに足らむか。左に列擧する書籍の如きは前段述ぶる所の趣旨に基き著者の選擇に留意し校正を嚴密にし印刷其の他體裁に注意して發行せるものなれば出版以來非常の好評を博し何れも幾多の版を重ぬるに至れり、大方の諸賢弊堂の微意を諒とし請ふ續々採用の榮を垂れ給はむことを

修學堂主謹告

# 修學堂書店發行書目

り、然れども該易斷は、單に六十四卦及び彖象に止より繫辭說卦文言等の諸傳を說くを以て、今回更に本書を著し、易上下經より十翼に至るまで、一に經文を以て主と爲し、其多年研究せられて蘊を洩らさす、通俗的を以て、叮嚀親切に高尚の易理を敍述し、末に六十四卦占斷の一班を揭げ、以て人民日用の應用することを得せしむ世間易學の書多しと雖も、一冊を以て、此くの如く一切を網羅せしものあらざるべし、故に人苟も本書を一讀せば、親く先生の口授を受くるに異ならず、自ら易學の限りなき趣味を感得するに至るへし、然らば則ち今日に當り、心を易學に留むる者、蓋し本書を措きて、他に之を求む可らず、本書の一たび世に出づるや、易學に一大活氣を與へ、占筮に一大改良を促し、夫の易を玩ふ者をして、本書に依り、小は一身一家の幸福を得、大は天下國家の安寧を保つべき唯一の指南車たらしむべく、且此れに由りて漢學者は易理の蘊奥を了悟すべく占筮家は活斷の的中を得べく、其他實業家政治家等に於けるも、物を開き務めを成すの稗益を生ずべく、教育家辯護士醫學家投機商を問はず、一たび此書を繙き深く之を研鑚せば、平素の業務に於て其實益を得ること、蓋し鮮なからざるべし、

高島先生の易學、多く先哲眞勢中洲氏に出つ、眞勢氏周易釋故の如き希に寫本ありと雖も、卷帙浩澣、其價亦貴し、然るに本書述ぶる所、釋故の蘊に從ふもの多ければ、此一事を以てするも、本書の價値あることを信ずべきなり、

國語漢文研究會編纂

# 國語漢文獨習自在

全一冊

紙數二百八十頁
語數二千餘
正價金三十錢
郵稅六錢

右は著者が多年和漢學研鑽の結果、蒐集して成りるものなれば、其の内容の有實なる、其の中の一語を讀むも一語を記すも、一として讀者の實力とならざるはなく、閲者の碑益さならざるはなし。方今辭典の書多々益々辨すべく、汗牛充棟も啻ならずと雖、其の體裁或は多岐冗雜に涉り、或は偏狹簡略に陥るの弊なき能はず。本書は務めて其の冗雜を去り、其偏狹を防ぎ、苟も和漢學を研究するものをして、一覽博通欣然意會するの便あらしめたり。いでや本書の特色を左に示さんか。

一本書の編輯は、素と營利的にあらず。實用的にあり。故に其收むる所一として親切懇篤ならざるはなく、實益便利ならざるはなし。是其の他書の及ばざる所以なり。

一他の書、多くは偏狹にして、或は地理に偏し、或は歴史に傾き、或は故實有識に流れ、或は之を兼ぬるも、浩濫繁冗に失するの嫌あるものあり。之に似ず本書は、苟も和漢附學の故事熟語に關するものは、地理と云はず、歴史と云はず、人名と云はず、動植と云はず、故實有識を問はず、古言今語を論ぜず、一切網羅せざるはなし。故に一卷を備ふるものは、あらゆる故事熟語にありては、多々の典籍を繙くの煩なかるべし。

一索引に便ならしめんため、書中の語を「イロハ」別に分類蒐集して、一目瞭然己が欲する所を見出すに利あらしむ其他の特色の如きは姑く世評に問はんのみ。

右の如き輕便捷利なる珍書なるを以て、其の需要も亦頗る廣かるべし。先づ小學校尋高正准教員檢定受驗者、全上教員準備入學者、中學校、男女師範學校、高等女學校、各種學校、男女高等師範學校、入學試驗者等に、無二の良師友たるべきは勿論、右各學校教授上の參考書となり、更に文部省教員檢定受驗者にも、唯一の好侶伴たるべきは、決して盧言にあらず。請ふ、大方の諸子、一卷を備へて其の眞なるを了し給はんことを。

●東京英語學會各課專門編纂
●マスターオブアーツ
國民英學會講師高野政太郎主任

# 英語學自修全書

全十六冊

正價壹冊金廿五錢宛
郵税一冊四錢宛

日英同盟ヽ我國に於て英語の研究は最も其の必要を感ずるに至れり、政治に文學に實業に交通に將た日常の談話に苟しくも志ある者誰れか英語の必要を感ぜざる者あらんや、然れども世間修學の書に乏しく、其の會々刊行せらるゝ者を見るに多くは片々たる斷篇のみにして眞に英語學全科を大成せし者あるを見ず是れ實に英學研究者にとりて一大遺憾なりとす、本會此の遺憾を補はんがため專門諸大家の贊助を得て本書を發行し篇を重ぬる十六、今や既に全部完成を告ぐるに至れり、本書收むる所、皆な斯學必須の學科にして各專門大家の親しく執筆せられたる者なれば注意周到簡易平明を主とし加ふるに實地活用に迂ならず實に近時稀に見る一大良書なり、研學の士、本書を讀了せば英語全科に通ずるを得るのみならず本書は各篇皆な各科の蘊奥を説きたる者なれば一篇を繙くも其科の學に通ずるを得ん、冀くば研學の士本書を繙て斯學研究の便に供せられなば幸甚、

本書各篇目次

# 修學堂書店發行書目

第四編 新式英文法軌範 正價全
第五編 新式英文法軌範 全
第六編 英和實用單語篇 全
第七編 新式和文英譯秘訣 全
第八編 新編英和熟語詳解 全
第九編 受驗必携英和難句詳解 全
第十編 新英文和譯秘訣 全
第十一編 和譯詳解英文傑作集 全
第十二編 受驗必携英語類詞詳解 全
第十三編 前置詞活用法 全
第十四編 英和對譯時事文例 全
第十五編 英和俗語詳解 全
第十六編 英和對譯美文麗句集 全

[illegible]中學校專任教師高塚二男三郎著

## 獨逸語三ヶ月自修書

全一冊

正價金五十錢
郵稅金六錢
紙數二百卅頁

獨逸語獨修書ノ類尠ラス然レドモ多ハ譯本ノ直譯ニシテ只字句ニノミ譯ヲ付シタルモノニシテ學者ニ對シ甚不親切ナルモノヽミナリキ弊堂之ヲ慨シ高塚先生ニ乞ヒテ本書ヲ世ニ公ニシ聊カ斯學ノ爲ニ盡ス處アラントス本書ハ先生カ多年ノ經驗上一種新案ノ教授法ニ則リ初學者ヲシテ三ヶ月間ヲ期シテ發音字ヨリ進テ譯讀文法會話等ニ至ルマデ自修セシムルノ方法ナリ加フルニ一二丁毎ニ親切ナル解譯ノ加ヘアレバ邦文ヲ解スルモノハ何人モ容易ニ獨逸語學ノ眞味ヲ咀嚼スルニ至リ是レ本書ノ特別ナリ請フ愛讀アレ

佐藤喜久松書

## 最近實用英和會話

寸珍　全一冊　正價金二十錢　郵税金四錢　紙數百七十頁

日英一たび同盟の約を結びてより英語を學ぶの必要頓に多きを加へ而して之に關する會話の書續々として發行せらる然れども概れ材料陳腐發音の不完全殆ど實用に適せず本書は即ち此の欠を補はむが爲に佐藤先生が深遠なる學識と熟練なる經驗とを以て著はされたるものなれば眞に最近實用會話の名に背かず加ふるに寸珍なれば携帶にも便なり希くは高評を垂れ給はむことを

余仁吉先生校訂　同文學會講師鈴木雲峰編

## 日清會話獨修

新形　全一冊　正價金廿五錢　郵税金四錢　紙數三百頁

本書は實用的也、速成的也　學生官吏商人初學の士と否とを問はず其最好の書は本書を措て他に得べからず今は有事の日也軍人實業家は宜しく本事を供へて事を計れ附するに單語雜辭等を以てし原音には余大先生の嚴正なる校訂を經て我が假名を傍附したれば獨修に最も便也而して內容の豐富適なるは勿論印刷紙質製本の佳良は市上未だ見ざる處也有爲の士幸ひに一本を供へ給へ

喇を以て爾山を擊破し遼陽及び奉天を占領し今や旅順を陥落せしめ此に於てか列國は何れも視線を我が國に注ぎ我が國を目して世界の最強國と叫ぶに至れり此の環象に關係せられつゝある吾人帝國臣民たるものは政治家にまれ文學家にまれ將た實業家にまれ今や世界語の名を以てせらるゝ英語の研究は一日も忽にすべからざる所なり然れども世の其良書に乏しく會々刊行せらるゝものありと雖も何れも不備不完にして殊に獨修者の爲めに良師ともなるべき書一としてあるなし此れ豈に現今における一大缺點にあらずや弊堂此に見る所ありて敢て自ら此の欠缺を補はむことを圖り研數學館外國語科知名の士に囑して一書を公にし名けて英語學獨修講義と云ふ讀者諸君若し本書に對はゞ恰も航海に磁針を得たるの感あるべく容易に彼岸に到達することを得べけむ乞ふ益々愛讀の榮を垂れ賜はむことを

法典研究會編纂（改訂增補）

# 文官普通及裁判所書記 試驗問題解答

全一冊

正價金七拾五錢

紙數二百拾餘頁

郵稅金　錢

駸々乎タル文明ノ潮流ハ社會全般ノ事業ヲシテ複雜ナラシメタリ故ニ其局ニ當ルモノ益々其需用ヲ增シ官廳ノ如キモ其登用ヲ爲スコト年々歲々其多キヲ加フ而シテ又之ニ應スルモノ少ナキニ非サレトモ就中文官普通試驗ノ如キ頻年各所ニ行フ志望者之ニ伴フモ其合格スルモノ亦稀ナリ之畢竟試驗ノ困難ナルニ非スシテ受驗者ノ侶伴トナルヘキ好著書ナキニ因スル弊大ニ之レヲ憂ヒ法典研究會ニ於テ之レカ指南車タル良書ヲ編纂セラル丶ト聞キ敢テ會ニ請ヒ之レカ出版ヲ爲シ世ニ公ニスルヿトナレリ本書ハ最近數年間ノ各地ニ於ケル文官普通試驗問題ヲ網羅シ之ニ親切丁寧ナル答案ヲ附シ其文章ノ平易簡明ニシテ一般判任官タルヘキ試驗ノ答案トシテハ坊間習ク所ノモノ恐ラク本書ノ右ニ出ツルモノナカラン特受驗者心得ヲ附シタル等萬事ニ於テ遺憾ナキ近來ノ好著書ナリ請フ志望ノ諸氏ハ一本ヲ購ヘ其眞價ヲ判セラレヨ

# 修學堂書店發行書目

●京北中學校教頭文學士杉谷佐五郎先生外八學士講述

數學　理化學　測量　英語

## 獨修講義錄

全部廿四冊

一冊正價金十八錢

郵税不要

專門家諸先生ガ多年ノ經驗ト豊富ノ學力トヲ以テ普通教育ノ程度ニヨリ最モ丁寧綿密ニ講述セラレタルモノニシテ座シテ諸先生ノ講義ヲ聽クト大差ナシ然レバ獨修用及ビ諸實業學校又ハ中學校生徒諸君及ビ教員檢定受驗者ノ補習用トシテ比類ナキ良書ナリ

卅一年　卅二年　卅三年　卅　年　卅五年　卅六年　卅七年　卅八年　卅九年

官立學校

## 入學試驗問題

全三冊

正價金每册十五錢

郵税二錢宛

# 修學堂書店發行書目

受驗叢書
# 新式問答全書

完成
全部
廿六冊

正價一冊ニ付金拾五錢
●拾冊金壹圓四拾錢
●廿冊金貳圓八拾錢
●郵税毎冊金二錢宛

本書目次



今や我が國の學制は殆ど完美の域に達し官私諸學校の入學志望者日に月に多きを加ふ從て此れが入學試驗の制度も益々嚴密となり徒に不合格の嘆聲を發するもの頻々なり此れ果して何が爲ぞ試驗制度の不備なるが爲か否々決して然らず此れ受驗者其人の不勉强に由ると云へ職として此が良參考書に乏しきに由らずんばあらざるなり弊堂は此に見るあり斯道諸大家の執筆を乞ひ受驗叢書と題し以上の十餘科目に分ちて發刊す若し夫れ本書の價値如何に至りては世既に定評あり發刊以來何れも十數版數十版を重ね全國の受驗者諸君乞ふ益々愛讀の榮を賜はらむことを

官立諸學校

# 入學試驗問題講義

合卷

菊大判五百五十餘頁
挿圖九十餘個製本既成
正價金九十錢
郵送料金十錢

受持講師

内海弘藏　安田又一　長澤龜之助　足立震太郎　神谷一郎
上田半江　上田富輔　岡田哲藏　小鷹與一郎　杉村廣太郎
名取弘三　阿部秀典　吉本大吉　上原甚六　建部政治
宮耀之助　内村達三郎　齋藤坦藏　笠巴　鐵耕居士
神戸順三郎　壬生實

●高等學校　●陸軍士官學校　●東京高等工業學校
●高等師範學校　●海軍兵學校　●大阪高等工業學校
●高等商業學校　●海軍機關學校　●商船學校
●外國語學校　●札幌農學校　●外諸課目講義

學運の進歩今や其の頂點に達し、官立諸學校入學志願者年々其の數を増し、從つて諸學校入學試驗の制度漸く嚴に以て多數志願者より其の善良なる者のみを擇ぶに至る、此に於てか受驗者にして不合格に終る者多く、多年の苦學も一朝にして水泡に歸し、百年の希望を抛ち一生を誤る者亦尠しとせず、されば試驗の困難なるよりは寧ろ受驗者の好侶伴たるべき

による、本書は聊か其欠を補はんと欲し、官立諸學校の入學試驗問題に、各科専門諸先生の多年の經驗と豊富なる學力とによれる正確なる答案を附し、加之一々該博精透なる講義を加へ受驗者をして試驗場に於て應問答案するのみならず、親しく教へらるゝの思あらしむ者、是れ本書の世間同種の書と異なり大に世に誇らんとする所なり、去れば受驗者一たび本書を購讀し座右の好侶伴となさば、受驗の悲しみなく一生を誤るの憂ひなからん。

酒井勉編纂

## 改正 日本六法全書

全一冊

總クロース金文字入美本
正價金五十錢郵税金六錢

夫れ法文は簡潔なり故に一字の誤謬だも決して宥すべからず然るに世の續々發行せらるゝ六法全書を見るに概ね誤字脱字等多く學者をして其の意を誤解せしむるもの尠からず若し「得」とあるべきを「得ズ」となさむか其の意味や正反對となすべく又「債務者」とあるべきに「債權者」とあらむか主客の顚例となるべし弊堂此に見るあり酒井先生の嚴密なる校正を以て本書を發行す請ふ續々使用の榮を賜はらむことを

池田菊苗先生述　生駒萬治先生述　芳賀矢一先生述
長連恒先生述　萩野仲三郎先生述　可兒德先生述
吉田静致先生述　後藤牧太先生述　重野安繹先生述
八木光貫先生述　關根正直先生述　鈴木米次郎先生述
豐田正美先生述　紀平正義先生述　其他三名若山水棹

拾七ノ　述

北川三友兩先生共編

大増補

中學校
師範學校
高等女學校

# 教員受驗撮要

合卷全一冊

紙數千餘頁製本優美
正價金壹圓
小包料金拾錢

附錄 自第一回至最近教員撿定試驗問題 論理、教育、國語、漢文、歷史、地理、數學、物理、化學、動物、植物、鑛物、生理、體操、音樂、家事、裁縫、外國語、簿記、法制經濟、農業、工業、商業、手工、習字、圖畫、問題解釋例受驗規則等增補科目 家事、裁縫、外國語、簿記、農業、商業、工業、習字、圖畫、法制經濟 ◎出版以來非常の好評を博し廿日間を出でずして八千部を賣盡し今や增刷の機運に接す此の際二百餘頁の增補をなす眞に完全無缺!!! ●本文には諸大家の卓說并に研究方法を掲載す所謂航海の羅針盤

齋藤明毅先生著

# 民法戸籍法問答講義

夫れ法律は吾人日常行ふ所の權利義務を規定したるものなり若し之を知らざらむか意外の損失を蒙ることなるべし本書は以上述ぶるが如き不都合なからしめむが爲め斯道に堪能なる齋藤先生に乞ひ通俗平易に民法戸籍法を問答體に解釋せるものなり苟も此法社會に處し權利を振張し義務を履行せむと欲するものは是非共一讀すべき良著なり大方の諸士益愛讀の榮を垂れ給はむことを

全一冊 正價金六十錢 郵稅金六錢

横濱稅關統計調査事務囑托
横濱商業學校囑托講師
東京保險[illegible]株式會社主事
岩井元太郎編纂

# 關稅法規類纂

附携帶用稅表 洋裝金文字入

正價金壹圓ト拾錢郵稅金拾錢

本書ハ本年八月末迄ニ發布ノ關稅ニ關スル法規類ハ洽ク之ヲ網羅シ加フルニ消費稅及非常特別稅目ヲモ附加シタル携帶用便利ノ稅表ヲ附錄トシテ添附シタレバ苟クモ貿易ニ從事セラルヽ諸士ハ座右ニ欠クベカラザル要書ナリ而シテ本書ハ横濱稅關ノ檢閲ヲ經テ從來同稅關ニ於テ發行セラレタル關稅法規類纂ノ體裁ニ倣ヒ且ツ書名モ許可ヲ得テ同名ヲ繼襲セリ以テ本書ノ價値一斑ヲトスルニ足ルベシ依テ讀者ノ便ヲ圖ラン爲メ前記ノ實價ヲ以テ販賣ス

前内務次官法學士 鈴木充美先生校閲
法學士 清水澄太郎先生著

四大法典 法律顧問

全一冊

紙數一千二百頁◎改訂增補
第拾版
並製正價金八十五錢
上製正價金一圓十錢
小包料金十錢

法治國に生れ法律の何たるを知らず權利を有して敢て其の伸張を圖らず理由なくして徒に義務を負ふものあるは現下に於ける我國民の通弊にあらずや然れ共法理はそれ深遠なり活用はそれ困難なり簡潔なる法文は專門家に非れば解すること能はざるなり豈又權利の上に眠り徒らに義務を負ふものを責むべけむや此れ主として世其の良解釋書の乏しきが故に座するのみ弊堂茲に見るあり清水法學士に民法戸籍法刑法民事訴訟法刑事訴訟法の五法典を問答體に解釋を乞ひ名つけて法律顧問と云ふ讀者諸君若しそれ本書に向はゞ恰も法律顧問たる辯護士を聘し居ると毫も異なる所なかるべし請ふ一本を座右に備へられんことを

法學士中村和光 法學院々友森惣之祐共著

民事訴訟法釋義

全一冊 五百頁

正價金四十八錢 郵稅金六錢

君人ノ大切ナル財産上ノ權利ヲ確定保護スル所ノ民法商法アリト雖一朝他人ニ侵害セラルトニ當リ救濟方法タル手續法ヲ知得セザレハ其權利ヲ全フスルコト能ハス此手續法タル民事訴訟法ヲ註釋スルノ書敢テ少ナカラスト雖或ハ繁ニ失シ簡ニ過クルノ憾アリ本書ハ孜メテ此弊ヲ避ケ法典ヲ逐條ニ簡明ニシテ能ク其要領ヲ摘ミ以テ實用ニ應センスル者ヲシテ遺憾ナカラシメタル者ナリ

法學士飯田謹一　法學院々友森惣之祐共著

大本全一冊

正價金五十錢　郵税金八錢

## 帝國憲法釋義

憲法ハ國家ノ大本ニシテ國法ノ基礎ハ憲法ニ淵源セサルモノナシ國權ノ發動ハ憲法ノ條規ニ依準セサルナリ臣民ノ權義之ニ依リテ明確ナリ當路者之ヲ解セサレハ統治ノ作用亂レ帝國臣民ニシテ之ヲ等閑ニ附シ去ルコトアランカ忠君愛國ノ赤誠アルモ諳ラス識ラス臣民タルノ度外視スル者ト謂ハサル可カラス

齋藤剛毅著

全一冊

正價金廿錢　郵税金四錢

## 刑法註釋

前大審院長三好退藏君題辭　法學士櫻井熊太郎君序文
檢事正瀧川長孝君題辭　辯護士今村力三郎君校閲
明治大學講師法學士鵜澤總明君序文　日本大學學友高橋宮二君著

# 法律文例　註釋付

大形洋裝美本
紙數五百頁
正價金六拾錢　郵税金十錢

本書ハ著者ガ多年法律事務實務ニ當テ得タル現行法律規則ノ文例ヲ蒐集セラレタルモノニシテ其民事タルト刑事タルト商事タルト將又人事非訟事件不動産商業登記雜種ノ契約書其他ノ事項タルトヲ不問苟モ事法律ニ基因スル書式文例ハ殆ンド網羅シテ遺ス所ナシ殊ニ法曹社會ニ於ケル既往重大ノ事件ハ其實ヲ掲ゲ民法、商法、民事訴訟法、刑法、刑事訴訟法其他現行法規ノ法條ノ順序ニ因リ編章ヲ分チ各文例ニ基因スル法條ヲ引證シ之レニ著者ガ該博ナル學識ト經驗トニ依リ學理的ニ簡單ノ註釋ヲ加ヘ一見シテ法理手續關係條文ヲ知得スベシ故ニ平常法律ヲ以テ職トスルモノハ勿論法律ニ通セサル者ト雖一度本書ヲ繙カバ忽チニシテ法律ノ手續ヲ併解スルコトヲ得ベク眞ニ法律運用上ノ指針盤トシテ得易カラサル良著ナリトス本書ノ眞價ハ茲ニ喋々セス乞フ法治國ノ人民タル諸子幸ニ本書ヲ坐右ニ備ヘ伸縮ノ術ヲ得賜ハンコトヲ

**本書ノ特長** 文例確實且ツ實際ヲ失セズ、引例其宜キヲ得タルハ我國未ダ其比類ナシ

**本書ノ利益** (一)如何ナル難事件ト雖辯護士ヲ要セズシテ權利伸張義務防衛ニ自在ナリ(二)出頭ノ勞ヲ省キ郵便ニ依リ書類ノ提出ヲナスモ却下セラルヽ憂ヒナシ

# 修學堂書店發行書目

法學士飯野謹一 法學々友森惣之祐先生共著

## 改正 刑事訴訟法註釋

全一册 正價金廿八錢 郵税金六錢

刑事訴訟法ハ刑事ノ訴ヲナスニ付テノ手續ヲ規定シタルモノナリ人ノ此ノ世ニ處スル何時如何ナル災難ニ罹リ思ヒモカケサル引合ニ出テサルヘカラサル事アルヤモ知ルベカラス又タ或ハ親戚朋友等ノ寃ニ泣クモノナキニシモ限ラサルナリ然シテ其寃ヲ雪キ枉ヲ伸ヘントスルモ刑事ノ訴ハ必ス其法則ニ從ハサルヘカラス苟モ之ヲ知ラザランカ我ニ十分ノ道理アルモ如何トモスベカラザルナリ然ルニ從來刑事訴訟法　註釋ナド稱ヘ坊間聞ク所ノモノ多クハ專門大家ノ高尚ナル議論文ニアラサレバ晉魚杜撰見ルニ堪ヘサルノ書ニシテ一モ一般國民ヲ滿足セシムルモノナシ殊ニ其價ノ不廉ナル實ニ甚シ慨嘆ニ堪ユヘケンヤ著者大ニ感アリ此書ヲ編セラル弊堂乞ノテ之ヲ印刷ニ付シ發行ノ後日未ダ淺キニ發賣部數夥シク餘ス所僅少ナリ世ノ受願諸彥未ダ賣切レザル間ニ速カニ御購求アレ

## 刑法 刑事 訴訟法註釋大全

全一册 正價金四十錢 郵税金十錢

法學士 栗本勇之助 法學院々友森惣之助著

# 府縣制郡制釋義

全一冊

正價金卅八錢 郵税金六錢

本書ハ冒頭直チニ府縣ノ沿革ヨリ説キ起シ自治體ノ性質本法改正ノ理由等詳細ニ論述セリ第一章總則以下ニ於テハ府縣會府縣參事會府縣會政府縣財務府縣行政ノ監督等順序正シク説明チ加ヘ郡制ノ部ニ於テモ亦同一ノ筆法チ以テ一々條文チ擧ケ何人ニモ解シヤスキヤウ丁寧親切ニ説明セラレタルモノ府縣郡市町村ノ議員幷ニ吏員各位及ビ府縣自治ノ精神チ知ラントスル人ハ一本チ坐右ニシタマハヾ蓋シ小益ナキニアラザルベシ

三浦重次郎先生著

新刊

# 締盟各國條約文全集

全一冊

正價金五十五錢 郵税金十錢

待チニ待チタル内地雜居ハ既ニ業ニ實施セラレタリ今後我國強弱貧富ハ實ニ我國民ノ覺悟ト條約ノ勵行如何ニアリ東洋日出國ノ臣民タルモノ豈ニ彼我ノ間ニ如何ナル條約アルヤチ詳知セズシテ可ナランヤ由來條約ノコトタル悉ク之チ集メタルモノナシタマ〳〵或種ノ本ニ二三ケ國、分チ載セタルモノアルニ過ギス

# 修學堂書店發行書目

# 修學堂書店發行書目

五大法律大學講師
ヘーパート法學博士
小澤政許先生講述

## 民法講義

—◀○▶—

●菊大判七百頁●上製
金一圓五十錢　郵税十錢

—◀○▶—

小澤博士に乞ふて本書を出版し力めて俗解を旨とし法理を説くに極めて平易なる各例を擧げ且圖解を示し初學者をして讀で倦むなく愉快に克く民法の法理を知らしむるを期せり請ふ一書を繙て講師の苦心空しからず萬綠叢中紅一點の感あるを知れ

酒井勉君著述

## 民事訴訟法註釋

全一冊

四六判二百六十頁餘
正價金三十五錢
郵税金六錢

明治大學講師大學院專攻　法學士　鵜澤總明著

## 法學通論

全一冊

洋裝大判約五百頁
正價金壹圓五拾錢
小包料金十錢

本書は鵜澤先生が大學院に於ける五年間の事項を研究秩序的に組織されしものにして專ら法律學一般に亘る概論を發展し一面に法律哲學の材料たり他面には現行法令研究の階梯たり上は希臘羅馬の古書より下は本年刊行の歐米新著を渉獵引用し旁ら支那の諸書に及び該博精核法學界無比の大著たり殊に邦文を以て歐米最新書の法理を探ることの書の如く正確なるは他に其比なし學生諸君は勿論朝野法曹諸君座右唯一の好參考たるべし

帝國大學教授法學博士和田垣謙三著

## 法制講義

全一冊

正價金壹圓貳拾錢

郵税金十錢

去る頃中學校の教程に法制經濟の一科を加へられて國民教育の完全を期するに至りしはこれ寔に學界の一の現象といはざるを得ず然れ共其教壇にこれを講ずべく學窓にこれを學ぶべき良教科書良參考書これあらざりしは實に大なる遺憾とす本書は即ち博士が世の望みを滿すべく專ら初學に便せむ爲め其の法制の部を字句論議を努めて平易簡單に又努めて專門的に偏せざるを期して著はされたるものなり併かも要を採り肝を拔きて又殘すところなく博士の最も意を込めて筆を執られたるものなるを以て教師にありては好個の參考書にして必ずや坐右に學生にありては最良の自習書たり又一般諸人にありては法治國の國民として一本を供へざるべからざる書たるは喋々を要せざる也世の好學の士幸ひに本書を供へて學界の進潮に後れざらむことを期せよ

中島元次郎先生著

## 法典參照 契約賣買作成案內 諸願屆申請書式 合卷

全一冊

三百五十餘頁

正價金四十八錢

郵税金六錢

今日の證文諸願屆書式種、繁に得職に流れて小六ヶ敷きものはなし、然ども證文は長きが故に貴からず、只簡單實用を以て貴しとし願屆は叮嚀なるが故に貴からず、只法律規則の命する要件を具備すれば足れり、本書は法律規則の原理に依り文書立案の雛形を示し、何人にも容易に認め得る様に説明せり

## 證文

今日の證文には無用の文字多く誤謬の文句を以て充されたり、此等の書類が裁判上の問題となれば一片の反古紙に等しきもの數多あるべし、本書は金錢貸借、賃貸借、賣買、寄託、雇傭、請負、示談、組合、會社等に分ち一々其誤謬の點を示し新奇の文例を探くるもの　十餘種。

## 願屆

世間には一片の寄留屆を持して役所と自宅との間に御百度を踏むものあり之れ吏員が諸君を侮辱するものなり、本書は警察、戸籍、登記、諸營業、市町村主務省の各種に區別し、願屆の文例を示すもの百餘種、而して文書の訂正誤謬を命ぜられたるさきに於ける權利の主張を説けり

## 訴狀

裁判上の書類は多くて專門法律家の手に依りて作成せらるべきものなり、然ども訴訟の容易なる手續、本人が訴訟する場合に於ける書類は又素人も作成し得べきもの許多あり本書は民事刑事の二章に分ち訴訟法の規定に依り文書を作成すると同時に其運用法を示した、

其他權利義務に關する諸般の法律規則を挿入し總へて文書に關する權利義務、誤謬、欠點注意を叮嚀平易に説明したり

法學士辯護士丸尾昌雄著

# 警察監獄顧問

全一冊　五百五十餘頁

正價金六十錢郵税金八錢

等しく法律規則と云ふと雖も必ず表裏の區別あり、若し法の表面のみを知りて其の精神を識らざるときは、所謂膠に漆するの弊に陷るべし本書は現行警察監獄の現法規を立法的に解釋すると同時に汎く米國諸國の實務實例を蒐酌し全編を警察監獄の組織、行政警察、司法警察、執行警察、監獄法及び實務法の數編に分ち、警察監獄の法理に通曉すると同時に其實務に習熟せしむるを以て目的としたれば、受驗者は勿論、警察監獄の實務を執るに方り機敏の駈引を爲し、對手の裡面を掻かんとするものは必ず本書を讀まざるべからず世間動もすれば監獄法を以て泥棒一人の取締規則と心得るものあり、監獄法に於ては或は然らん、然とも警察法は治安、風俗、衛生、交通、營業、軍事に渉りて日常吾人の法律關係は一として警察に關係を有せざるものなし、故に個人の權利を擴張し、人權を尊重するものは何人たるを論ぜず必ず本書を讀まざるべからず。

本書は行文平易一種の趣味を以て現法規實例を解釋したれば他の乾燥無味の法律書とは大に其趣を異にせり。

# 修學堂書店發行書目

今世ニ行ハレツヽアル數學獨習書或ハ講義錄ハ其數甚タ多ク汗牛充棟モ啻ナラズト雖モ實際獨習者ヲシテ遺憾ナク滿足ニ了解セシムベク解釋セラレタルモノハ恐クハアラザルベシ偶々之レカ缺點ヲ補フベキ書ナキニアラズト雖概子淺近ニシテ簡ニ過キ或ハ復雜ニシテ繁ニ失シ爲メニ自習者ヲシテ徒ニ勞アリテ功ナク未熟ニ終ラシムルモノ多シ然ルニ本書ハ多年中等教育ニ從事セラレ充分ナル經驗ト熟練トヲ有セラルヽ奥平先生ガ奇拔ナル腦力ヲ以テ苦心經營ノ結果著ハサレタル嶄新ナル良書ニシテ說明解釋ノ平易ニシテ明瞭ナル初學者ト雖普通ノ腦力ヲ有スルモノハ充分ニ解セラルベク且ツ例題ノ如キハ其應用ノ廣キモノト適切ナルモノトヲ網羅シテ之ニ充分ナル解釋ヲ與ヘラレタリ故ニ初學者自習用トシテ適切ナルノミナラズ中學生及ビ諸官立入學受驗者ノ補習書トシテ讀者ヲ益スルコト本書ノ右ニ出ツルモノナク苟クモ數學ニ篤志ノモノハ一本ヲ坐右ニ備フベキ良書ナリ

東京中學校及研究學舘數學專門教授　陸軍中尉松本小七郎先生著

## 普通教育 代數學講義

全二冊

上卷三百廿頁
下卷貳百十頁
正價各金卌五錢
郵稅各金四錢

●高等學校程度ノ諸官立學校志願者、數學篤志者、自修者必携●

現今行ハレツヽアル代數學教科書ハ概ネ淺近ニシテ中學卒業後各種官立學校ニ入學スベキ力ヲ養フニ足ラズ又稍程度ノ高キモノアルモ普通教育トシテ不必要ナル事多クシテ又却テ必要ナル項ヲ缺ケリ爲メニ自修者等ニ於テハ取捨宜シキヲ得ズ徒勞ト未熟トニ終ルモノ多

# 修學堂書店發行書目

## 數學物理化學問題詳解全書

全部十二冊

左ノ各科擔任ノ著者ハ多年ノ經驗ト豊富ノ學力トヲ以テ教育界ニ鳴ルモノナリ今ヤ弊店ノ請ニヨリテ熱心ニ本書ノ著作ニ從事セラレ其問題ノ選定及ビ其解法等ハ著者互ニ意見ヲ鬪ハシ大ニ協力合議シテ大成ヲ期セラレツヽアリ故ニ尋常中學校生徒及ビ諸官立學校受驗者諸君ハ坐右缺クベカラザル好書ナリ

白井義督 著

## 算術問題詳解

全一冊

正價金卅五錢

郵稅金四錢

原濱吉 著

## 代數學問題詳解

全三冊

正價一冊各金卅五錢

郵稅各金四錢

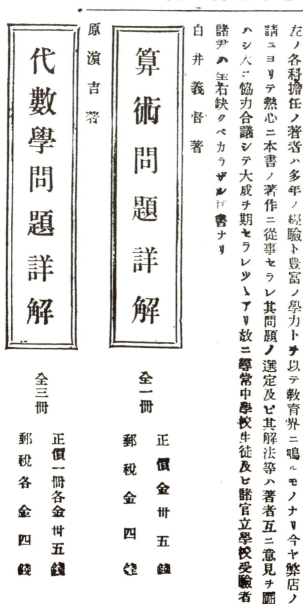

# 修學堂書店發行書目

白井義督著
## 平面幾何學問題詳解
全二冊
正價一冊各金三十五錢
郵稅金四錢

東京中學校及研數學館數學專門教授陸軍中尉松本小七郎著
## 立體幾何學問題詳解
全二冊
正價一冊金三十五錢
郵稅一冊金四錢

白井義督著
## 數學公式及原理
全一冊
正價一冊金卅五錢
郵稅金四錢

伴德文生著
## 物理計算及問題詳解
全一冊
正價一冊金卅五錢
郵稅一冊金四錢

# 修學堂書店發行書目

## 化學計算及問題詳解

作[illegible]先生著

全一冊

正價一冊金三十五錢
郵稅一冊金四錢

## 平面三角問題詳解

原濱吉著

全一冊

正價金三十五錢
郵稅金四錢

## 應用問題之神髓
## 算術捷徑

正價金廿八錢；郵稅金四錢

松本七郎著

數學篤志者小學教員
各種受驗者
中學第三學年以上ノ生徒
自習者
必携

先生教授ノ主意ト本書著述ノ主意ノ概要ハ數學ハ凡ヘテ推理ノ學問ナリ故ニ其原理ヲ究メテ之ヲ活用スルニ在リ實ニ數學ヲ學フノミナラス總ヘテ活川ノ力ヲ涵養スルヿニ力メサルヘカラス故ニ徒ラニ數[illegible]シ問題ノ多キヲ主トセル書ノ如キハ初學者ヲシテ要領ヲ得セシメズ五里霧中ニ迷ハシム故ニ小冊子ニシテ算術全體ヲ網羅シ其ノ神髓ヲ解テ活用ノ方法ヲ了解セシムトイフニ在リ實

ニ先生ガ多年經驗ト奇拔ノ腦力ニ出テ著ハサレタル嶄然タル良書ナルヲ以テ苟クモ數學ニ志スモノハ之レニ依テ瞭然算術ノ蘊奥ヲ曉リ得ラルヽナラン

東京中學校教務幹事
陸軍中尉　松本小七郎先生講述

# 算術講義

洋裝金文字入頗美本
合本正價金八十錢郵税金十錢

## 算術講義之要旨

世に算術自習書或は算術獨修書と題して解釋的の書の發行せられたるもの實に無數なるも實際初學者が之れに依て獨修し得る如く解釋せられたるものは恐らくはあらさるべし蓋し算術は講義の極めて困難なるものなれはなり

本書は如何に初學の者と雖とも普通の腦力ある以上は必ず解し得らるへく著者の大に苦心經驗して本書が師の位地となる如く講述せられたるものなるを以て初學者にして獨修せむと欲するもの實に適切なる良書なり

實に上の主意に出てたる書なるを以て解釋の方法平易流暢にして自から一新機軸を成せり故に算術得意の士も尚一讀するに於ては大に心得る所あるのみならず解釋法の如何にも巧みなるには讀者も自つから心中愉快を感ずるに至らむ

工學士影山穩作講述

# 測量術講義

洋裝金文字入頗美本合本
正價金壹圓二十錢郵稅金十錢

測量術講義之要旨

海陸山河の形狀、森林山圖建築物の實際を一紙面に描寫して恰も大空に飛颺せる地球表面を上下し水底或は地下に潜て土地の[illegible]序を比較するよりも尙輕便に數十百里を透視し得る測量製圖法なる一大事業を獨修に依て學ばんとする實に至難の事業なるより現今の如く實業發達地圖の見解測量術の必要なるにも關はらず世人の一般に之れを解すること能はざるは實に痛惜の至なり先生茲に現今の狀勢に鑑み大に測量術の普及を謀らむが爲め多年苦心測量獨修の方法を案出せられ終に測量術講義として獨修者の爲めに發刊せられたるとなれり實業に志あるの士の一讀すべき良書なり

醫學士庄司久著

# 最新生理學講義

全一冊
凡五百頁

洋裝大判金文字入
正價金九拾錢
小包料金拾錢

世に生理學の書其の類甚だ多し然れども余猶未だ其の好著あるを見ず醫學士余輩と其の感を同ふくせられ最新の學說を經さし卓絶の學識を緯とし以て本書を著はさる加ふるに文章

平易處々に精密なる圖を挿入したれば了解にも亦便なり全國の中學校師範學校高等女學校の教科書又は參考書として將た醫術開業試驗志望者の參考書として無二の好著なり幸に續々採用せられむことを

醫學士 佐々木金次郎
日本藥學協會講師 鴨田修治 著

# 通俗傳染病豫防書

全一冊

◎附消毒及傳染病規則
◎正價金五十錢
郵稅金四錢

世に恐るべき病多し就中傳染病の如きは其の最たるものならむ若し一朝此の病の襲ふあらむか其の傳播の急激なる瞬間にして一村一郡一國に及び悲愴悽絶一面には幾多の生靈を奪ひ他面に交通を阻害す豈に恐れざるべけむや吾人にして苟し此の恐るべく惡むべき病に罹らざらむことを欲せむか須く先づ平素之が豫防の策を講ぜざるべからず本書は即ち之が要求に應ずる一大寶典にして記事平易一讀せば何人も了解することを得べく加ふるに消毒及傳染病諸規則を附したれば事に衛生事務に從ふの士にとりても無二の顧問たり今其の目次を擧ぐれば左の如し

第一章傳染病豫防總論、清潔法、攝生法、發病を催ほする件、消毒法隔離法◎第二章虎列拉病、虎列拉流行の歷史、虎列拉の原因、虎列拉の傳播、虎列拉流行と土地の關係◎以下第十章結論迄數十件略す

幸に愛讀の榮を垂れ給はむことを

醫學士庄司久著

# 最新解剖學講義

全一冊

洋裝大判金文字入寫畫挿入

正價金九拾錢小包料金拾錢

解剖學の書世上其れ乏しとせず然れども概ね陳套に屬し眞に最新の學說を論述するもの少し弊堂此に見るあり醫學士に乞ひ本書を發行するの光榮を荷へり學說較新挿圖緻密に加ふるに文章亦平易なり全國の中學校師範學校高等女學校の教科書又は參考書として將た醫術開業試驗希望者の參考書として無二の好著たり請ふ續々採用の榮を賜はらむことを

傳染病研究所長醫學博士北里柴三郎
傳染病研究所部長醫學士柴山五郎作
著

# 通俗結核豫防書

全一冊

菊判洋裝金文字入

正價金一圓八十錢

郵稅金十錢

輓近二十有餘年間我邦醫學の進步顯にして古の以て不治の症となせし者今や容易に根治し得るの時に當り百千の藥材備ふるも全く其用を爲さず幾多の刀圭も殆ど其豫防法と治療法とに苦しみ研究せしも亦足らざりし結核症は突如として北里博士の名の下に其豫防法を公にされたり博士は東西兩洋に錚錚の聲譽あり而かも深奥宏大の學識・經驗とに富み其黴菌學に特長なるは普ねく人の認むるところ故に此の結核豫防法に於ても其說く所平易流暢結核に

關する諸種の贅說を排して自己の抱負を縷述すること一も餘蘊なく網羅詳解せられたれは本書の公にさるゝに當りては小夜に燭火の惑を以て世に歡迎せられん事言はざるの優るに如かざるなり實に大著中の大著結核に關する書籍多しと雖ども本書に右出するものなきは是又言ふの必要なしされば世の該病に侵されんとするの人之を庸醫に診ふの煩を省き本書を繙きて其豫防を忽諸にせざれば終に結核なしゝ其根性を絶たしむるを得ん特に寒村僻邑の人は之を座右に備ふれば自家の良醫に接するが如く病初めなれば忽ちに治癒し漸く革まるも適宜の療を訓ずれば亦全治するの幸榮を得んが物を嚢に探るが如し而して本書は該疾病者間にのみ有益無比の書籍たるのみならず醫家として斯學に志ざすの人本書に依りて研究するあらば其裨益する處果して多大ならん乞ふ通常廣告誇大の冗語と同一眼を以て之を看過せず幸に一本を購ひて其眞價を味へ

婦人科專門ドクトル宮田守治先生著
中央看護會長松本安子先生

# 男女生殖健全法

四六判 全一冊
密畫數個入
正價金一圓十錢
郵稅金六錢

本書は日新醫学の原理に依り之を詳記せるものにして先づ生殖器の解剖生理を說き且つ其疾病を述べ夫婦とは如何なるものなるや交情とは如何なるものなるやを解釋し情交に因する諸障害を論じ後に小兒養育の事を記載せり世の夫婦たり父母たるものは必ず座右に備ふべき寶典なり

醫學士丸山秀雄先生 東京板橋病院長守川帝洋先生
日本藥學協會講師鴨田彦治先生著

# 通俗衛生顧問

一名 諸藥獨劑術

著者研究の結果諸疾痛の起因症状を説き以て病を其起らざる前に防ぎ或は諸病の發す可き起因を勦滅し或は既に發したる病を治療する方法を病名に依て說明を加へ又其藥劑調合仕方を詳記す

全一冊

上製金文字入

金九十五錢 郵稅金拾錢

## 書中目次大畧

食傷、食帶、胃弱、留飮、癪のさしこみ、腸加答兒、霍亂、腸病、便秘、痔疳、疝氣、眞田虫、回虫、●虫、黄沮、腹膜炎、脹満、腰痛、腎臓炎、膀胱加答兒、遺尿、腎虛、遺精、淫欲亢進、痳病、疳瘡、梅毒、咽喉加答兒 扁桃腺炎、感冒、鼻血、喉頭加答兒、馬痺風、氣管枝加答兒、喘息、咯血、肺炎、肺労、肋膜炎、心臓病、痛風、僂痲質私、腦病、中風、癲癇、脚踏病、依卜昆睡兒、脊髓労、頭痛、偏頭痛、痲疹、風疹、水痘、痘瘡、瘧疾、ペスト、インフルエンザ、コレラ、赤痢、脚氣、實布的里、切創、刺創 挫創、止血法 銃創、丹毒、破傷風、狂犬病、風咲傷、丁、瘭大、癰、瘰疽、疣癬 田蟲 いんきん 蟲、なまつ、汗疹夏月斑、飛火、水蟲、はたけ、にきび、癩病、そばかす、ほくろ、わきが、脫臼、眼瞼縁 ものもらい、さかまつげ、はやりめ、トラホーム、目雀、近視、耳漏、耳鳴、子宮内膜炎、子宮實室炎、月經不順、及び閉止、以私的里等此外二十有餘記載せり

理學士　唐仲宗太著

# 最新有機化學講義

洋裝大判金文字入
全一冊　正價金六十錢
小包料金拾錢

本書は中學校師範學校高等女學校の教科書又は參考書醫術開業試驗希望者其の他諸學校入學志望者の侶伴たらしめむ目的を以て學士が獨特の識見を以て最新の研究を述べられしものにして文章平易記事的確材料亦豐富に絶無の良著なり常に愛讀せられむことを

理學士　唐仲宗太講述

# 最新無機化學講義

洋裝大判金文字入
全一冊　正價金六拾錢
小包料金拾錢

本書冒頭に最新の二文字を冠す豈に其の特色なからむや即ち本書は理學士が其の蘊蓄せらるゝ深遠なる學識を以て最新の原理と實驗とを記されしものにして坊上に散見せるものとは大に其の趣を異にせり全國の中學校師範學校高等女學校若くは之と同程度の諸學校の教科書又は參考書として將た醫術開業試驗受驗者の良師として無二の好著なり請ふ續々採用の榮を垂れ給はむことを

理學士 京北學校校頭杉谷左五郎先生述

# 化學講義

全一冊 洋裝頗美本 正價金一圓 郵稅金十錢

化學講義の書世上其れ少しとせず然りと雖其の繁なるは研修に便ならず簡なるは杜撰の誹りを免れず弊堂茲に見るあり杉谷理學士に乞ひ其書を公にするの光榮を荷へり記事精確材料豐富繁簡其の宜しきを得中學校師範學校高等女學校其の他之れと程度を同じくする學校の教科書又は參考書として將た受驗者諸氏の資料として無二の好著なり幸に高評を垂れ給はんことを

文學博士 中村正直譯述

# 西國立志編

全一冊 正價金卅五錢 郵稅金六錢

西哲の諺に曰く天は自ら助くる者を助くと眞に千古不磨の金言と云ふべし本書は敬宇中村先生が後進者に自助的精神を涵養せしむるの目的を以て斯邁再斯自助論を譯述せられたるものにして材料豐富句々金玉の聲あり其の聲價の世に喧傳せらるゝ豈に徒爾ならんや加ふるに文章醇雅瑩明玉の如し實に本書の如きは一は修身書家の珍として又一は文章の模範として無比のものたり江湖の士幸に愛讀せられむことを

# 修學堂書店發行書目

美澤進序　石田源太郎著

## 立志成功 商業百話

全一冊　正價金三十錢　郵稅金六錢

立志成功商業百話一篇、立志談としては金儲け金蓄め百ヶ條を掲げ、先づ金儲けの秘訣には「山事によりて得たる金は山事によりて失ふべし」と注意し、「大事を爲すものは小事に於ける成功を積むものなり」と說き、此精神を以て商法の驅引、交際の得失、妻子、丁稚、下女、下男の拭き掃除、掃き掃除に論及し、金蓄めの心得には「破產は臺所の一隅より起る」「金權と女房は借りにも人に貸す勿れ」然れども「貨幣をして帑匣の底よ腐れしむる勿れ」と告げ、夫れより話頭一轉「日本の富を如何」さ喝破し」日本前途の商人を論じ、商人の責任、商人の信用、商人の學問、泰西商人の致富策を說き、成功談としてリカードの富豪論、ロスチヤイルドの言行、ブラツセーの致富策、アルストの立身、ハーパーの成業、紐育のステアートの大安寶、觀世物師より出世したるバルナムの成業十則を揭げ、行文平易、義理明快、全文振り假名付、實業家にも學生にも趣味あり、利益ある近代の讀物なり

帝國大學敎授法學博士和田垣謙三著

## 經濟講義

全一冊　洋裝大判金文字入　正價金一圓廿錢　小包料金拾錢

今ヤ我軍貔貅ニ萬艘艨艟百萬韓ノ野ニ雪翻リ黄海ノ氷波ヲ截リ整々ノ軍堂々ノ師ヲ戰百勝戰フテ勝タザルナク攻メテ陥ラザルナシ宇內列國眼ヲ張リ耳ヲ聳テヽ其武勇ヲ嘆稱セザルナク我將帥ノ略兵士ノ勇宇內ニ雙ト稱ス由來武ヲ以テ建國ノ礎セル我帝國今日アル所以ノモノ豈偶然ナランヤ四圍皆海ノ帝國宇內交通ノ衝ニ位シ清ノ西比利亞ノ大疆域ハ僅カニ一葦水ヲ隔ツルノミ太平洋ハ直ニ米國ニ達スベク南セバ其濠洲ニ達スル易々タルノミ勇武宇內ニ冠タル日東帝國ハ今ヤ一躍第一等國ニ列セントス戰後ノ經營果シテ圓滿ナルベキヤ顧フテ十裘褐以前ニ溯レバ豈慄然タラザナキヲ得ンヤ由來我帝國經濟思想ノ幼稚ニシテ普及セサル者常ニ潜嘆スル所ナリ當局者既ニ憂フル所アリテ夙ニ中等教育ニ法制經濟ノ科ヲ設ケタル所以ナリ實ニ勇武宇內ニ冠絕スル百戰百勝ノ帝國ヲシテ去テ平和ノ戰ニ常ニ隔靴掻痒ノ歎アラシム

世ニ經濟教科書及ビ參考書ノ如キ博士篤學ノ士陸續トシテ筆ヲ執リ梓ニ上セタルモノ數フルニ遑アラズト雖ドモ或ハ簡ニ失シ或ハ浩澣ニ流ルヽヤノ恐レナシトセズ弊店茲ニ感ズル所アリテ斯學泰斗和田垣博士ニ請ヒ其缺ヲ補ヒ以テ中等ノ教科書若クハ其參考書ニ資セントスルノミ

河村定靜先生校定

# 白文 文章軌範 作者詳傳

正續 全貳冊

正價一冊ニ金廿五錢宛
壹冊ニ付郵稅金四錢

眞に漢文の力を養はむと欲せば徒に返り點に拘泥せず所謂白文のものを以てせざるべからず弊店に見るあり河村先生の嚴密なる校字の下に本書を發行し附錄として作者の詳傳を添ふ由來文章軌範の我が國に行はるゝ既に久しく而して學者間に沸々歡迎せらるゝの傾向あり然るに白文を以て發行せるものは寔に少く偶々之あるも校字杜撰にして誤らしむるものあり弊店の此の擧ある故なきに非ざるなり切に高評を垂れ給はむことを

## 修學堂書店發行書目

東京研學會編纂

記事論説
祝辭吊祭
# 文章資料

正價金卅錢　郵税金六錢

人の文章に於ける恰も兵器の軍隊に於けるが如し百万の兵勇ありと雖も兵器の備なくんば焉んぞ能く敵を屠り城を陷るゝを得んや、人として文章を能くせざれば縦ひ天地の理を極め經綸の策を抱くも焉んぞ之を社會に發揚して名を成し世を益することを得べけんや果して然らば文章なるものは吾人處世の一大要具にして何人も其研究を忽せにすべからざるものとす故に本書は世の文章を學ぶ者の便宜に供する爲め之を十數門に分ち各部門の下に凡百の單句、聯句、熟語を集め又形容字、疊字、助字虚字等を揭け之に註訓を施し且つ識別には文法提要、作文練習法を揭け幷て文章の種類文法の要綱及び作例其他作文に關する事項は悉く之を網羅せり故に苟も作文に志ある者は本書を一讀するときは直に文章の何物たるを會得し容易に其奧を探るを得べき無比の好資料なりと

一辭
千金
# 作文錦囊

全一冊

正價金卅錢

郵税金六錢

作文錦囊總目次

# 修學堂書店發行書目

◎時令門……自一頁　至六十一頁

一春　翠を含む柳の糸に糸遊もゆる春景色、

二夏　窓前の竹影婆娑として涼風起る夏の夜、

三秋　天高く馬肥ゆる秋の野邊、

四冬　水鳥の聲も身に浸む冬の月、

五晝　翠影地に花環を[illegible]く書、

六僧　僧は敲く月下の門、

七朝　旭日曈々東海の天、

八夕　暮色蒼然として遠寺の鐘[illegible]なり、

○地理門……自六十一頁　至九十二頁

一山水（瀑布）百尺の老松断崖に横はり千仞の断崖深淵に臨む、

二海　奇岩亂礁、濤間鷗影低迷帆影没、河水は近く流れて柳先づ暮れなんとす、漁村・

一樓の烟、漁村の暮、

三名所　舊き都に來て見れば淺茅ヶ原となりにけり、

四舊跡　奈良、春日七堂伽藍八重櫻、

附古戰場　鳥飛んで下らず獸柾して群を爲さず、

◎家倫門……自九十頁　至百十四頁

一親子　[illegible]　南窓の下、寒き夜は暖爐の側、兒は母の膝に寐たり、

附孝烈　木[illegible]なゝんと欲すれば風息まず、子孝ならんと欲すれば親在まさず、

二夫婦　家に叱咤の聲なく琴瑟能く和合したり、

附貞操　去られても暗に見に來る旗幟、

三朋友　喜ぶものと共に喜ぶ悲しむものさ共に悲しむ、

附交際　縁有れば千里來て相會ひ、縁無ければ袂を接して相識らず、

附兄弟　兄は鴻雁を見て涙を拂ひ弟は兄にすがりて泣く、

門　自百十五頁　至百十八頁

姻　洞房に華燭を列れて二性の好を合す、

# 修學堂書店發行書目

六猜疑　玲瓏玉の如く、潔白雪の如く、清淨鏡の如く、明快玻璃の如し、
七貪慾　誤つて顛倒すれば砂礫を掴んで起んとす、理を以てすれば君子も欺くべし、
八虛僞　羊頭を掲げて狗肉を鬻ぐ、
九信義　信義は仇敵をも感泣せしめ悪漢を善に歸せしむべし、


一喜悅　眞の快樂は自ら樂むにあり、
二悲哀　嘆を抱きて花に對すれば其散り行くことの悲しく、
三爽快　宛も幽冥を出て天日を拜するが如し、
四苦痛　妻は病床に臥し子は飢寒に泣く、
五戀愛　落花情あり流水豈意なからんや、
六恐怖　震ひ魂動き毛髪竦然として皮膚爲めに粟を生ず、
七熱心　腦漿を絞り心血を枯らし經營慘憺たり、
八冷淡　雲烟過眼淡として水の如し、
九慷慨　字々悲痛慨嘆句々悽愴惨殺、
十人情　芳醇佳殽も常に用ふれば甘味深からず、


一立志　斷して行へば鬼神も之を避く苟も疑へば爲さゞるに如かず、
二獨立　人生意氣に感ず功名誰か復論ぜん
三勞働　晝眠るものは夜飢ゆ先づ勞働して後休息すべし、
四忍耐　忍耐は運命に勝ち、勝利は能く忍ぶ者に歸す、
五失敗　蛟龍も時を得ざれば蚯蚓の爲めに辱めらる、
六冒險　氷塊に乘りて熱海を渡り鳥屐を踏んで噴山を攀づ、
七僥倖　猶豫は退けよ大幸の機會は瞬間にあり、

# 修學堂書店發行書目

第一章 總論
（一）體裁
記、序、引、題跋、書牘、論、說、贊、銘、記事、傳、書簡、啓、祭文、韻文、散文、
（二）敍事議論
正反虛實、和漢洋器說（淺田栗園）
第二章 一篇の結構
（一）篇法、章法、句法、
（二）潮洲韓文公碑（蘇東坡）
第三章 作例及び熟語

作文練習法…………自百一頁 至三百一頁

第一章、國文漢文兩體五題十篇
越谷觀桃花記（野田笛浦） 自來亭記（坂井虎山） 原田龜太郎遺像記（森田節齋） 評古館記（林鶴梁） 藤原廣嗣（松平衡士權）
第二章 國文五題
青砥左衛門藤綱（太平記） 那須與市事（平家物語） 觀世太夫の話 猿蟹合戰 豊臣太閤花房助兵衛罵詈の言を咎めざる事（古老雜話）（以上和文）
第三章 漢文五題八篇
青砥左衛門藤綱（賴襄） 仝（中井積德） 仝（服部元喬） 仝（青山延于） 那須與市事（柴野栗山） 觀世太夫事（信夫恕軒） 猿蟹合戰（中井履軒） 錄豐太閤征事（大槻盤溪）
第四章 韻文一題二篇
孝女白菊の歌（落合直文）○孝女白菊詩（井上哲次郎）

# 修學堂書店發行書目

島春郊畫伯著

## スケッチ 圖畫速寫法

符號幷圖畫法凡千個

上下合本

正價金四十錢

郵稅金四錢

右は圖畫速寫法の規定として先生が多年の苦心と經驗とにて符號より成立つ瞬寫の良法なる事言語の速記に等きものを發明され最も圖畫を學び居ると居らざるとに拘らず簡易に覺へ得らるゝ冊子なれば學生諸君は云ふも更なり圖畫を志さんとするには必坐右の友として須臾も缺くべからざる有益多大の良書なるべし

竹下富次郎著

## 中等教育 用器畫法

全四冊

上卷圖式解說二冊

正價金六十錢小包金拾錢

下卷解法二冊

下卷圖式解說二冊

正價金六拾錢小包料金拾錢

用器畫法に關する書の世に出づるもの雨後の筍の如し然れ共其教科書に適するものなきは今日一般の輿論なり弊堂此の嘆聲を耳にすること年既に久し本書の出づる豈ああれ徒然ならむや本書は、先生が深遠なる學識を經とし熟練なる手腕を緯とし中等教科書に適する樣著はされたるものなれば全國の中學校師範學校高等女學校の教科書參考書に適するは勿論これ等程度を同じくする學校の受驗者に對しても無二の良書なり幸に採用の榮を垂れ給はむことを

山田武城作曲

# 音樂獨習全書

全部四冊

壹冊正價金卅錢
郵稅四錢

世の中に樂しみとすべきもの擧げて數ふるに遑あらざれど就中高尙にして其趣味も亦極めて多きは音樂を除きて他に求むるなしされど其樂器には數十種ありて價に高低あれば從ひて世の一般に適するものと適せざるものとあり茲に這回發梓せる音樂全書左記數種は其樂器の特色最も高尙優美にして且價の廉なるものを撰びされが樂曲は斯道に堪能なる樂士に囑し編纂したるもの而かも書中收むるところのものは古今の別なく之れを採り興味最も津々一度之を奏すれば勇夫も無涎し怯夫も亦蹶起せんとす是れ本書　世間同種の書籍よ秀づる處幸に同好の諸士一本を購ふありて眞味を判じ給はゞ弊舗の光榮之に過ぎず發兌に臨み本書の特色をもて爾云

既刊書目

●吹風琴獨習　全一冊

●手風琴獨習　全一冊

國學院講師　佐藤寛作先生歌
音樂學校講師　田村虎藏先生作曲

●明笛尺八獨習　全一冊

●唱歌及軍歌　全一冊　近刊

宣戰勅語

# 日露軍歌

全一冊

美本正價金五錢
五冊迄郵稅金二錢
郵券代用一割增

日露の風雲一たび動くや我が元氣を皷舞せんとて諸作家が作り出せる軍歌幾十種なるを知らず然れども其の雄壯なるものは格に合はず悲婉なるものは法に入らず甚しきに至りては

テニヲハ假字つかひをさへ誤まるものあり本編は法に入り格に合ひ雄壯にして活潑、悲慨にして縝密、遼東半島の割讓より日露談判の破裂旅順の男戰、仁川の奮闘而して宣戰の詔勅に至る迄すべて一百四十句を以て盡したり若し夫れ一たび之を歌はゞ日露の風雲一呼吸の間に在りて我が元氣こゝに操作せん、

理學士　松井義方著

## 改訂増補　工業須知

全一冊

洋裝金文字入頗美本　正價金壹圓五拾錢　小包料金拾五錢
並製正價金八十錢　小包料金拾錢

古語に曰く百工を來せば即ち財用足ると本書は此旨を體し巧風創意の良師となり發明改良の益友となり或は經濟利用の方法を示す指針となり或は殖產興業の前路に輝く燈火となり或は缺陷障碍の潛伏を照す明鏡となり或は眞僞正疑を分つ利刃となるを期す故に從來秘密に状せられ或は弘く世に傳聞せざりし事又從來のよりも改良進歩し從來のに比して優秀奇拔になる事或は又從來曾てなき嶄新なる事業を精選收錄せり即ち收錄する所總數一千五節餘に索引の便を計りて適宜之を十二編三十四章に分ち工作物、製造品及び其原料等に就て其拔状、品質、試驗、計畫、製作、使用、保存等に關する事を記述し之に加ふるに科學應用の趣味を解し得べく又觀察力を養ふに足るべき記事を以てせり是れ寧ろ蛇足に似たれども實は爾らず何となれば科學の進歩が世に貢獻したる所甚だ多しと雖も科學思想に乏しき者をして迷惑せしめたる事も亦敢て少からざるを以てなり此の如く記事甚だ多岐多端にして能にして關係の及ぼす所廣きを以て本書の要用ある獨り工業家に止らず即ち原料の供給者たる農業家、水產家、山林家、鑛業家等其他科學の傳播と應用を職とし或は多大なる特許品を使用する教員、軍人、海員、醫師等の爲めには座右の實鑑さなり又學校、工場等の賞與贈答品に最も適て讀ては各家の實驗となるべし

今や振古未曾有の大活劇は吾人の前に開かれたり、我帝國の生くる死するも將來世界の覇權を握るも二千五百年の歴史を滅すも正に此一事にあり、漫に戰捷の結果に醉ひ快心の事を談ずべきにあらず須く事の由來及び推移する所を考へ將來の計を爲すは忠良なる國民の義務なり、本書は筆を非常召集に起こし、開戰前記としては日露の干係、外交の推移、開戰の理由、彼我勢力の比較を精細説明して明快犀利、海戰記として仁川旅順の大捷より第八回攻撃マカロフの戰死に至り其間彼我兩艦隊馳驅突撃の狀手に取る如く、最後に兩者の作戰を批評し、總じて此戰捷は何に依りて來りたるか疑ひ一に其功を近時海軍思想の發達教育の進歩に由ると斷じ、約五百頁の冊子殆ど息をも繼かずして讀了すべきは本書也

東京控訴院檢事法學士豐島直通先生著

# 刑事訴訟法原論

全一冊　[illegible]版

製本　美麗菊版八百頁
定價金貳圓
小包料金十五錢

豐島先生ハ多年各法律學校ノ講師トシテ刑事訴訟法ヲ講述セラレ昨年判檢事辯護士試驗委員タリシ本書初版以來非常ノ高評ニテ[illegible]版品切レノ處申込絶ヘザルニヨリ茲ニ六版ヲ發行セリ速ニ申込アランコトヲ請フ

# 修學堂書店發行書目

津田南濤君著（卅八年二月改訂增補八版）

## 改訂 農家要務案内

附 蠶桑詳說

洋裝美本

全一冊

正價五拾錢郵稅六錢

古語に曰く農は國家の大本なりと實に吾人が衣食住は主として之を農に俟つものなり然るに此れ等農業に從事する者を見るに概ね祖先傳來の舊慣を墨守し敢て之れが進歩改良を圖らず空しく生産物をして土壤に埋沒せしむるは實に國家の爲め惜むべきことにあらずや著者此に見るあり學理に徴し實地に試み研鑽の結果之を世に公にし名けて農家要務案内といふ其の收むる所開墾肥料種子等より諸種の穀菜樹木等の栽培に至るまで凡て廿三章別編さして蠶桑を詳說す加ふるに文章平易殊に假名付にしたれば如何なる者にても容易に了解することを得べく又實地に應用することを得べしされればにや發行以來非常の好評を博し改訂増補して既に第八版を發賣するに至れり今や戰勝國の我が日本は其の經營を農に俟つや切なり憂國の士盍て愛讀の榮を垂れ給はむことを

## 漢學講義

洋裝凡千百十頁

正價金壹圓廿錢

小包料金十五錢

此編ハ著者ガ漢學ヲ爲ス者ノ便宜ヲ圖リ、多年苦心ノ餘ニ成ル所、從來有ル所獨習書等ノ比ニ非ス、經史子集等數萬卷ノ中ニ就キテ、一一其精髓ノミヲ拔キ、漢學ニ必用ナルコトノミヲ揭ケタルモノニシテ、今其目ヲ略擧スレハ、十三經ト曰ヒ、經解ト曰ヒ、歷史總說ト曰ヒ、二十二史ト曰ヒ、歷代興亡大略ト曰ヒ、諸子ト曰ヒ、道義字解ト曰ヒ、漢土年號ト曰ヒ、漢土帝王ト曰ヒ、事物異名ト曰ヒ、名數ト曰ヒ、物數稱謂ト謂ヒ、虛字解ト曰ヒ助字解ト曰ヒ、故事熟語解ト曰フ、即チ十三經ノ下ニハ、一經コトニ、本經ノ由來ヨリ、其大旨ヲ述ヘ、又古今ノ傳受、解等ニ異同アルコトヲ記シ、經解ノ下ニハ、郝氏ノ傳是樓九經解、通志堂經解、學海堂經解、正續ノ目錄ヲ臚列シテ、經學ヲ爲ス者ニ便シ、歷史總說ノ下ニハ、二十二史篇目ノ異同等ヲ記シ、二十二史ノ部ニハ、各史著者ノ履歷、幷編纂ノ由來、編者ノ巧拙、用意ノ精粗、及ヒ其得失ニ至ルマテ、之ヲ評論シ、歷代興亡大略ノ下ニハ、周ヨリ明ニ至ルマテ、亂興廢ノ迹ヲ略叙シ、諸子ノ部ニハ、老莊列荀韓齊等、諸子ノ小傳、及ヒ其持論ノ梗概ヲ記載シ、道義字解ノ下ニハ、仁義禮智孝悌忠信等、凡ソ道德ニ關スル所ノ字義ヲ詳解シ、其他モ總テ標目ノ如ク、各詳密ニ記述スル所アリ、且虛字助字ニ至リテハ、最モ簡明ニ其同異ノ點ヲ擧ケ、講義作文等ノ便ニ供シ、終ニハ故事ノ解釋ニ苦ムモノ、及ヒ熟語ノ必用ナルモノヲ擧ケテ、詳ニ之カ注解ヲ施シタレハ、何人ニテモ一タヒ此書ヲ讀ムトキハ、忽チ漢學ノ大要ヲ知得シテ學識ノ人ニ讓ルコトナク常ニ一本ヲ座右ニ備ヘテ、讀書、作文其他事物ノ考證ニ供スヘク、實ニ空前ノ好書ト謂フヘキハ、諸君カ此書ヲ繙クノ後、始メテ吾カ言ノ虛ナラサルヲ知ルヘキナリ、

法學博士高橋作衛著

# 戰時國際公法

八版

正價金壹圓七拾五錢
小包料金拾錢

◉會頭　帝國大學教授 法學博士　和田垣謙三

◉學監　文部省認定東京中學校長數學院長　上野清

◉編輯主任　東京中學教授 文學士　松平桃蹊

# 普通教育 全科講義

○每月二册發行十二ヶ月廿四册を以て完結
○紙數一ヶ月分凡六百頁
○價一ヶ月六十錢
○三ヶ月一圓六十錢
○六ヶ月三圓
○十二ヶ月五圓八十錢

◉掲載科目

○倫理○教育○國語○漢文○日本地理○世界地理○地文○日本歷史○西洋歷史○東洋歷史○算術○代數○平面幾何○立体幾何○三角○測量○微分○積分○解析○物理○有機化學○無機化學○動物○植物○鑛物○生理○解剖○法制○經濟○外國語○農業○法學通論其他科外講演時事の雜報

◉我邦の露國と干戈を交ふること茲に年あり其の間皇軍の向ふ所敵なく陸に海に大捷を博し遂に彼をして和を乞はしむるに至れり是れ眞に千古の一大快事にして世界列强の等しく我を環觀する所以也此の一大發展に際し最も急務なるは國家有用の人材を

養成すべきを中等教育の勃興を圖るにあり然に現今に於ける中學の數一縣僅かに數校に止まり到底志望者を入るゝに足らさるのみならず志ありて學資に乏しく資あつて家事の障害の爲め學に就くこさ能はざるもの其の數實に枚擧に遑あるす此れ豈に戰勝國の一大恨事にあらすや本會玆に見るあり以上の缺點を補はむ微意を以て當代知名の人士に謀り一大講義錄を發行するに至れり其の內容實に豐富講義頗ろ深切文章亦平易なり讀者若し本誌に向はゞ恰も親しく師に就きて講義を聽くの感あらむ苟も將來國家に貢獻する所あらむさするの青年諸君は請ふ奮て入會あれ尚本會は彼の徒に虛名を揭げて地方人士を瞞着せむさするものゝ類さは大に趣を異にす請ふ安んじて入會あれ

◉每號質問券あり◉詳細の規則を知らむさせば郵券二錢投せられよ直に送附せむ

東京神田區表神保町七番地
（電話本局一七五三）

**普通教育學會**

京北中學教頭　理學士　杉谷左五郎
福島縣立中學校長　理學士　東海林岸太郎
工學士　影山穗作
極東通信顧問　ミス、プライアン

東京中學教務幹事　松本小七郎
研數學館主　奥平浪太郎
文學士　岡本幸實
農學士　柳内蝦洲

講述

# 數學理化學測量術英語の獨修講義

全部廿四冊

一冊金廿五錢・六冊金一圓四十五錢
十二冊金二圓八十錢・廿四冊金五圓四拾錢
外に郵送料毎冊一錢宛を要す

○科目○算術○代數○平面幾何○立体幾何○平面三角○物理學○化學○測量○英語

本書は中等教科中最も困難なる數學理化學測量英語を**當代に於て名聲嘖々**たる專門の士か**多年の經驗**と**豐富なる學識**とを以て講述せられたるものにして世上徒らに其の聲を大にして其の實の添はざる講義録の類とは大に其の選を異にせり

讀者諸君若し一たび本書に向はむか**親しく師の聲咳に接して其の講義を聽くの感あらむ全國の中學校師範學校高等女學校其の他の補習學校の學生諸君は勿論教員受驗希望の諸君**は乞ふ必ず一部を座右に備へられむことを尚本書には毎號**質問券**を添へ獨修者に遺憾なからしめむことを期せり

工學士 石浦德治先生
日本藥學協會主任講師 鴨田脩治先生 纂著

# 理化應用 製造顧問

本書總目次御入用の方は郵劵四錢を要す

挿圖百餘個
洋裝全一冊
紙數七百頁
正價九拾錢
小包十錢

工藝雜誌記者は本書を評して實益の寶藏職業の顧問と云へり、敢て過言にはあらさるなり家を興し產を殖ふる指針は本書を措て他に求むべからざるなり
實業家の良師友、起業家の好顧問職業の指針として本書の刊行は今の時機に最も適せりと云ふべし至難の戰後經營に本書は敢て一助を貢献するものにはあらざるべけれど戰後幾多徒食の人々の爲めに尠少ながら富の福音を與ふるものなるを信ず
殖產の膨大、國力の大發展を希ふ人々の爲めに敢て本書を薦むるものなり願はくは購ひ求めて處世の路の方向を定め給はらんことを
針裝の美紙質の良印刷の佳は云はすもかなしかも廉價を以て廣く世に販賣するもの如何に本書の實質が世の需要に應せんとするかを又以てその用意を見るべきなり

發行所 東京神田區表神保町七番地 修學堂

## 修學堂書店發行書目

英語教授改良會編纂　主任農業士　武藏亥三郎先生

# 英語學大成

全一冊
洋裝金文字入
紙數二千三百頁
價二圓五十錢
小包料十五錢

○本書總目次御望みの方は郵券四錢御送付あれば呈す

戰勝國の我が帝國は今や世界列國の環視する所となり將來益々彼我の來往頻繁ならむとす此機に際し吾人日本國民たるものは政治に文字に實業に交通に將た日常の談話に世界語とも云ふべき英語を研究すべき必要を感ずるに至れり然りと雖世間修學の書に乏しく其の會々刊行せらるゝものを見るに多くは片々たる斷篇のみにして英語學全科を大成せしものあるを見ず此れ實に英語研究者にとりて一大恨事なりとす弊堂此に見るあり斯道專門大家の執筆を請ひ篇を重ね此れが大成を告ぐるに至れり而して其內容の如何に至りては玆に誇張の言を弄せず讀者諸君の公評に一任すべきも其の說明の親切なる實地活用に迂ならざるは弊堂の責任を負ひて公言する所なり讀者諸君若し本書を讀了せんか英語學全般に通ずるのみならず假令其の一篇を繙くも其の科の蘊奧を極むる事を得む乞ふ續々御注文あらむ事を

英語研究會主任嶋村東洋先生

# 最新日英書簡文

洋裝全一冊
價五拾錢
郵稅六錢

我帝國が一度露國と干戈を交ひ、連戰連勝の大名譽を全世界に轟かしてより、今や一躍して世界の最大强國の班に列し、日英攻守同盟新に結ばれて以來、我帝國が世界に於ける活動の舞臺は大に面目を一新せり、從て、外人殊に英米人との交際は大に頻繁を加へ從て、英語を學ぶの必要は目下の急務となれり英語は實に世界の普通語なり、而して英語を學ぶものは必ず日用書簡文の一通りを心得居らざるべからず然るに當今、英語を學ぶを數年讀書力は充分あり乍ら書簡文に至ては甚だ拙劣殆んど其意を得ざるものあり、此れ一に就て學ぶべき適當なる良書なきに由るなり。

弊堂玆に見る所あり「英語研究會に依賴して、日用行事の間最も必要にして適切なる「最新日英書簡文」を刊行することとなりぬ此書、前篇に於ては書簡の認方及其注意より學事、軍事商業其他一般の事に關する日本の書簡文を先づ掲げ之を英譯したるものを并記し後篇に於ては前篇と稍趣きを異にして一般に用へらるゝ英語の書簡文を先づ示し之を和譯したるものを并記し以て一方英譯一方翻譯の妙味を知らしめ彼我の文脈語勢表情の相異なる所を一見明瞭ならしむる所讀者を稗益すること大なるものあらん、且つ本書は商業上に要する文例、普通書簡文に用ゆる句或は短文、等を列記し實地草文の便に供したり、乞ふ英學に志せる學生諸君是非一本を座右に具へ以て此書の價を知り給はんことを

柿村重松著

# 漢文故事熟語正解

附 漢字異同文法大意

全一冊 正價四十錢 紙數凡四百頁 郵税六錢

本書は著者多年研鑽の功を積み大成せられたるものにして第一編に於ては文字と題して苟も文字に關する事項は細大漏さず説述し第二編に於ては語釋と題し五十音順を以て有ゆる故事を各部門を分ちて其の出典及び意義を明にし第三編に於ては漢文典を詳説して餘す所なし篤學の士若し一たび本書を繙かむか平素腦裏に蟠結せる疑團は忽ち氷解することを得む全國の中學校師範學校高等女學校生徒諸氏の好參考書たるは勿論苟も文筆を嗜むの士の良師友たるは弊堂の誇張して憚らざる所なり幸に一本を座右に備へられむことを

東京法論社主後藤本馬著

法典活用

# 商工業者債權取立案内

全一冊 洋裝大判 價一圓五十錢 小包十錢

本書は商工業の者取引貸借其他營業に關して起る所の債權債務に就き其取立の方法より支拂拒絶の抗辯に至る迄鄭重且つ明晰に記述したるものにして之に關聯する必要法令の全文と實務取扱の書式とを載せたれば辯護士を待たず又裁判を要せずして自己の目的を達する良書也

文學士 山岸辰藏著

# 國文故事熟語正解

全一冊 紙數四百頁 價四十五錢 郵税六錢

諸多の國文を讀むに當りて最も困難を感ぜしむるものは其故事と成語の出所又は解釋に在り殊に雜言のごときは最も解し難しとする所なり之を解するに非ざれば國文を讀で國文の意義を知らず蛙鳴蟬騷に等しく何等の得る所なかるべし豈に遺憾の至ならんずとせんや而も是等の故事熟語は其數極めて多く大家と雖も恐らくは悉く解し得るもの少なかるべし然れば是等を會得せんとするには何に依りて知ることを得るや世に二三註解を加へたるものなきに非ずと雖も繁閑宜しきを得ず且解釋妥當ならざるが如し編者は大に之を慨し最も必要と認むるもの約五千許を擧げ五十音順に依りて正しく配列し詳密なる註釋を施し以て本書となるに至れり正に是れ國語辭典中に於ける最も簡潔至便なるものなり請ふ披閲して其眞價を知り給はんことを。

文學士 山岸民顯著

三ヶ月獨修 普通作文新書

全一冊

總振假名付
洋裝金文字入
大判四百頁
價九十錢
小包十錢

本書が內容及總目錄入用の方は郵券四錢御送付あれば呈す

文章として語格文法に適せざるものは文章にあらず唯文字を配列したるに止まるのみ故に是等の文章は讀で其意の在る所を知ること能はず果して何の爲めに作れるやを知るに迷ふ況んや文章の主眼とする所の人を感動せしむるが如き到底不能に屬するに於いてをや編者は常に之を歎じ語格文法を正し摸範となるべきもの百數十章を類別して掲げ作文上に應用すべき故事等は悉く「いろは」別を以て類聚し且つ詳密なる解釋を施し尙必要なる成語を登載し之が註解を加へたるものは本書なり凡そ世に作文書は汗牛充棟啻ならずと雖も本書を披閲し以て之を熟讀玩味する時は作文獨習の上に於て大に得る所あるは勿論文章の至難なる點も之を解し得て金玉の文を成すこと左まで困難ならざるべしと信ず敢て一本を座右の寶典とせられんことを薦む

| 著者 | 書名 | 冊數 | 代價 |
| --- | --- | --- | --- |
| 文學士松平桃蹊 | ▲漢學講義 | 完 | 一圓六十錢 |
| 東京中學教務幹事松本小七郎 | ▲算術講義 | 完 | 八十錢 |
| 研數學館長奥平浪太郎 | ▲代數學講義 | 完 | 一圓 |
| 同　奥平浪太郎 | ▲平面幾何學講義 | 完 | 一圓 |
| 同　奥平浪太郎 | ▲立體幾何學講義 | 完 | 一圓 |
| 同　奥平浪太郎 | ▲三角法講義 | 完 | 一圓 |
| 數學院長上野清 | ▲微分學講義 | 完 | 一圓五十錢 |
| 同　上野清 | ▲積分學講義 | 完 | 一圓 |
| 同　上野清 | ▲解析幾何學講義 | 完 | 一圓五十錢 |
| 同　上野清 | ▲球面三角法講義 | 完 | 一圓五十錢 |
| 工學士影山穗作 | ▲測量術講義 | 完 | 一圓廿錢 |
| チャールス、スミス原著上野清補譯 | ▲新選大代數講義 | 完 | 一圓五十錢 |
| 農學士小倉拯足 | ▲鑛物學講義 | 完 | 一圓二十錢 |
| 理學士東澤林岸太郎 | ▲物理學講義 | 完 | 一圓 |
| 理學士杉谷佐五郎 | ▲化學講義 | 完 | 一圓 |
| 理學士廣中宗太 | ▲最新無機化學講義 | 完 | 六十錢 |
| 同　廣中宗太 | ▲最新有機化學講義 | 完 | 六十錢 |
| 醫師林治一 | ▲日本文法講義 | 完 | 一圓廿錢 |
| 講師小澤政計 | ▲民法講義 | 完 | 一圓五十錢 |
| 農學士大澤誠太郎 | ▲最新簡易實用農業講話 | 完 | 九十錢 |
| 帝國大學法學博士和田垣謙三 | ▲法制講義 | 完 | 一圓廿錢 |
| 醫學士庄司久 | ▲最新生理學講義 | 完 | 九十錢 |
| 法學士鵜澤聰明 | ▲法學通論 | 完 | 一圓五十錢 |
| 文學士山岸辰藏 | ▲三ヶ月獨修普通文作新書 | 完 | 九十錢 |
| 帝國大學法科大學博士和田垣謙三 | ▲經濟講義 | 完 | 一圓廿錢 |
| 醫學士庄司久 | ▲最新解剖學講義 | 完 | 九十錢 |
| 研數學館外國語科 | ▲英語學獨修講義 | 完 | 七十錢 |
| 文學士松本桃蹊 | ▲論理學講義 | 完 | 一圓廿錢 |
| 文學士大島政德 | ▲倫理學講義 | 完 | 一圓廿錢 |

●以上廿九課目は當代に於て名聲嘖々たる博士學士が各自專攻の學科を多年實驗に依り丁寧親切を旨として材料豊富を誂ひ新行文平易記事正確以て獨習者をして一点の疑惑たも無からしめん事を期す

地方自治法研究復刊大系〔第241巻〕

改正 市制町村制〔明治40年初版〕

日本立法資料全集 別巻 1051

2018(平成30)年2月25日　復刻版第1刷発行　7651-0:012-010-005

編　輯　辻　本　末　吉
発行者　今　井　　貴
　　　　稲　葉　文　子
発行所　株式会社信山社

〒113-0033 東京都文京区本郷6-2-9-102東大正門前
Ⓣ03(3818)1019　Ⓕ03(3818)0344
来栖支店〒309-1625 茨城県笠間市来栖2345-1
Ⓣ0296-71-0215　Ⓕ0296-72-5410
笠間才木支店〒309-1611 笠間市笠間515-3
Ⓣ0296-71-9081　Ⓕ0296-71-9082
印刷所　ワイズ書籍
製本所　カナメブックス
用　紙　七　洋　紙　業

printed in Japan　分類 323.934 g 1051

ISBN978-4-7972-7651-0 C3332 ¥28000E

日本立法資料全集 別巻

# 地方自治法研究復刊大系

市町村執務要覧 全 第一分冊〔明治42年6月発行〕／大成会編輯局 編輯
市町村執務要覧 全 第二分冊〔明治42年6月発行〕／大成会編輯局 編輯比較研究
自治要義 明治43年再版〔明治43年3月発行〕／井上友一 著
自治之精髄〔明治43年4月発行〕／水野錬太郎 著
市制町村制講義 全〔明治43年6月発行〕／秋野沆 著
改正 市制町村制講義 第4版〔明治43年6月発行〕／土清水幸一 著
地方自治の手引〔明治44年3月発行〕／前田宇治郎 著
新旧対照 市制町村制 及 理由 第9版〔明治44年4月発行〕／荒川五郎 著
改正 市制町村制 附 改正要義〔明治44年4月発行〕／田山宗堯 編輯
改正 市町村制問答説明 明治44年初版〔明治44年4月発行〕／一木千太郎 編纂
改正 市制町村制〔明治44年4月発行〕／田山宗堯 編輯
旧制対照 改正市町村制 附 改正理由〔明治44年5月発行〕／博文館編輯局 編
改正 市制町村制〔明治44年5月発行〕／石田忠兵衛 編輯
改正 市制町村制詳解〔明治44年5月発行〕／坪谷善四郎 著
改正 市制町村制註釈〔明治44年5月発行〕／中村文城 註釈
改正 市制町村制正解〔明治44年6月発行〕／武知彌三郎 著
改正 市町村制講義〔明治44年6月発行〕／法典研究会 著
新旧対照 改正 市制町村制新釈 明治44年初版〔明治44年6月発行〕／佐藤貞雄 編纂
改正 町村制詳解〔明治44年8月発行〕／長峰安三郎 三浦通太 野田千太郎 著
新旧対照 市制町村制正文〔明治44年8月発行〕自治館編輯局 編纂
地方革新講話〔明治44年9月発行〕西内天行 著
改正 市制町村制釈義〔明治44年9月発行〕／中川健蔵 宮内國太郎 他 著
改正 市制町村制正解 附 施行諸規則〔明治44年10月発行〕／福井淳 著
改正 市制町村制講義 附 施行諸規則 及 市町村事務摘要〔明治44年10月発行〕／樋山廣業 著
新旧比照 改正市制町村制註釈 附 改正北海道二級町村制〔明治44年11月発行〕／植田鹽恵 著
改正 市町村制 並 附属法規〔明治44年11月発行〕／楠綾雄 編輯
改正 市制町村制精義 全〔明治44年12月発行〕／平田東助 題字 梶康郎 著述
改正 市制町村制義解〔明治45年1月発行〕／行政法研究会 講述 藤田謙堂 監修
増訂 地方制度之栞 第13版〔明治45年2月発行〕／警眼社編集部 編纂
地方自治 及 振興策〔明治45年3月発行〕／床次竹二郎 著
改正 市制町村制正解 附 施行諸規則 第7版〔明治45年3月発行〕福井淳 著
改正 市制町村制講義 全 第4版〔明治45年3月発行〕秋野沆 著
増訂 農村自治之研究 大正2年第5版〔大正2年6月発行〕／山崎延吉 著
自治之開発訓練〔大正元年6月発行〕／井上友一 著
市制町村制逐條示解〔初版〕第一分冊〔大正元年9月発行〕／五十嵐鑛三郎 他 著
市制町村制逐條示解〔初版〕第二分冊〔大正元年9月発行〕／五十嵐鑛三郎 他 著
改正 市町村制問答説明 附 施行細則 訂正増補3版〔大正元年12月発行〕／平井千太郎 編纂
改正 市制町村制註釈 附 施行諸規則〔大正2年3月発行〕／中村文城 註釈
改正 市町村制正文 附 施行法〔大正2年5月発行〕／林甲子太郎 編輯
増訂 地方制度之栞 第18版〔大正2年6月発行〕／警眼社 編集 編纂
改正 市制町村制詳解 附 関係法規 第13版〔大正2年7月発行〕／坪谷善四郎 著
改正 市制町村制 第5版〔大正2年7月発行〕／修学堂 編
細密調査 市町村便覧 附 分類官公衙公私学校銀行所在地一覧表〔大正2年10月発行〕／白山榮一郎 監修 森田公美 編著
改正 市制 及 町村制 訂正10版〔大正3年7月発行〕／山野金蔵 編輯
市制町村制正義〔第3版〕第一分冊〔大正3年10月発行〕／清水澄 末松偕一郎 他 著
市制町村制正義〔第3版〕第二分冊〔大正3年10月発行〕／清水澄 末松偕一郎 他 著
改正 市制町村制 及 附属法令〔大正3年11月発行〕／市町村雑誌社 編著
以呂波引 町村便覧〔大正4年2月発行〕／田山宗堯 編輯
改正 市制町村制講義 第10版〔大正5年6月発行〕／秋野沆 著
市制町村制実例大全〔第3版〕第一分冊〔大正5年9月発行〕／五十嵐鑛三郎 著
市制町村制実例大全〔第3版〕第二分冊〔大正5年9月発行〕／五十嵐鑛三郎 著
市町村名辞典〔大正5年10月発行〕／杉野耕三郎 編
市町村吏員提要 第3版〔大正6年12月発行〕／田邊好一 著
改正 市制町村制と衆議院議員選挙法〔大正6年2月発行〕／服部喜太郎 編輯
新旧対照 改正 市制町村制新釈 附 施行細則 及 執務條規〔大正6年5月発行〕／佐藤貞雄 編纂
増訂 地方制度之栞 大正6年第44版〔大正6年5月発行〕／警眼社編輯部 編纂
実地応用 町村制問答 第2版〔大正6年7月発行〕／市町村雑誌社 編纂
帝国市町村便覧〔大正6年9月発行〕／大西林五郎 編
地方自治講話〔大正7年12月発行〕／田中四郎左右衛門 編輯
最近検定 市町村名鑑 附 官国幣社及諸学校所在地一覧〔大正7年12月発行〕／藤澤衛彦 著
農村自治之研究 明治41年再版〔明治41年10月発行〕／山崎延吉 著

信山社

日本立法資料全集 別巻

# 地方自治法研究復刊大系

市町村議員必携〔明治22年6月発行〕／川瀬周次　田中迪三 合著
参照比較 市町村制註釈 完 附 問答理由 第2版〔明治22年6月発行〕／山中兵吉 著述
自治新制 市町村会法要談 全〔明治22年11月発行〕／高嶋正載 著述　田中重策 著述
国税 地方税 市町村税 滞納処分法問答〔明治23年5月発行〕／竹尾高堅 著
日本之法律 府県制郡制正解〔明治23年5月発行〕／宮川大壽 編輯
府県制郡制註釈〔明治23年6月発行〕／田島彦四郎 註釈
日本法典全書 第一編 府県制郡制註釈〔明治23年6月発行〕／坪谷善四郎 著
府県制郡制義解 全〔明治23年6月発行〕／北野竹次郎 編著
市町村役場実用 完〔明治23年7月発行〕／福井淳 編纂
市町村制実務要書 上巻 再版〔明治24年1月発行〕／田中知邦 編纂
市町村制実務要書 下巻 再版〔明治24年3月発行〕／田中知邦 編纂
米国地方制度 全〔明治32年9月発行〕／板垣退助 序 根本正 纂訳
公民必携 市町村制実用 全 増補第3版〔明治25年3月発行〕／進藤彬 著
訂正増補 議制全書 第3版〔明治25年4月発行〕／岩藤良太 編纂
市町村制実務要書続編 全〔明治25年5月発行〕／田中知邦 著
地方學事法規〔明治25年5月発行〕／鶴鳴社 編
増補 町村制執務備考 全〔明治25年10月発行〕／増澤鐵　國吉拓郎 同輯
町村制執務要録 全〔明治25年12月発行〕／鷹巣清二郎 編輯
府県制郡制便覧 明治27年初版〔明治27年3月発行〕／須田健吉 編輯
郡市町村史員 収税実務要書〔明治27年11月発行〕／荻野千之助 編纂
改訂増補鼇頭参照 市町村制講義 第9版〔明治28年5月発行〕／蟻川堅治 講述
改正増補 市町村制実務要書 上巻〔明治29年4月発行〕／田中知邦 編纂
市町村制詳解 附 理由書 改正再版〔明治29年5月発行〕／島村文耕 校閲 福井淳 著述
改正増補 市町村制実務要書 下巻〔明治29年7月発行〕／田中知邦 編纂
府県制 郡制 町村制 新税法 公民之友 完〔明治29年8月発行〕／内田安蔵 五十野譲 著述
市制町村制註釈 附 市制町村制理由 第14版〔明治29年11月発行〕／坪谷善四郎 著
府県制郡制註釈〔明治30年9月発行〕／岸本辰雄 校閲　林信重 註釈
市町村新旧対照一覧〔明治30年9月発行〕／中村芳松 編輯
町村至宝〔明治30年9月発行〕／品川彌二郎 題字　元田肇 序文　桂虎次郎 編纂
市制町村制應用大全 完〔明治31年4月発行〕／島田三郎 序　大西多典 編纂
傍訓註釈 市制町村制 並ニ 理由書〔明治31年12月発行〕／筒井時治 著
改正 府県郡制問答講義〔明治32年4月発行〕／木内英雄 編纂
改正 府県制郡制正文〔明治32年4月発行〕／大塚宇三郎 編纂
府県制郡制〔明治32年4月発行〕／徳田文雄 編輯
郡制府県制 完〔明治32年5月発行〕／魚住嘉三郎 編輯
参照比較 市町村制註釈 附 問答理由 第10版〔明治32年6月発行〕／山中兵吉 著述
改正 府県制郡制註釈 第2版〔明治32年6月発行〕／福井淳 著
府県制郡制釈義 全 第3版〔明治32年7月発行〕／栗本勇之助 森惣之祐 同著
改正 府県制郡制註釈 第3版〔明治32年8月発行〕／福井淳 著
地方制度通 全〔明治32年9月発行〕／上山満之進 著
市町村新旧対照一覧 訂正第五版〔明治32年9月発行〕／中村芳松 編輯
改正 府県制郡制 並 関係法規〔明治32年9月発行〕／鷲見金三郎 編纂
改正 府県制郡制釈義 再版〔明治32年11月発行〕／坪谷善四郎 著
改正 府県制郡制釈義 第3版〔明治34年2月発行〕／坪谷善四郎 著
再版 市町村制例規〔明治34年11月発行〕／野元友三郎 編纂
地方制度実例総覧〔明治34年12月発行〕／南浦西郷侯爵 題字　自治館編集局 編纂
傍訓 市制町村制註釈〔明治35年3月発行〕／福井淳 著
地方自治提要 全〔明治35年5月発行〕／木村時義 校閲　吉武則久 編纂
市制町村制釈義〔明治35年6月発行〕／坪谷善四郎 著
帝国議会 府県会 郡会 市町村会 議員必携 附 関係法規 第一分冊〔明治36年5月発行〕／小原新三 口述
帝国議会 府県会 郡会 市町村会 議員必携 附 関係法規 第二分冊〔明治36年5月発行〕／小原新三 口述
地方制度実例総覧〔明治36年8月発行〕／芳川顕正 題字　山脇玄 序文　金田謙 著
市町村是〔明治36年11月発行〕／野田千太郎 編纂
市制町村制釈義 明治37年第4版〔明治37年6月発行〕／坪谷善四郎 著
府県郡市町村 模範治績 附 耕地整理法 産業組合法 附属法例〔明治39年2月発行〕／荻野千之助 編輯
自治之模範〔明治39年6月発行〕／江木翼 編
改正 市制町村制〔明治40年6月発行〕／辻本末吉 編輯
実用 北海道郡区町村案内 全 附 里程表 第7版〔明治40年9月発行〕／廣瀬清澄 著述
自治行政例規 全〔明治40年10月発行〕／市町村雑誌社 編著
改正 府県制郡制要義 第4版〔明治40年12月発行〕／美濃部達吉 著
判例挿入 自治法規全集 全〔明治41年6月発行〕／池田繁太郎 著